Günter Gödde, Michael B. Buchholz

Unbewusstes

Viele Begriffe, die wir aus der Psychoanalyse kennen, blicken auf eine lange Geschichte zurück und waren zum Teil schon vor Freuds Zeit ein Thema. Einige Begriffe haben längst den Weg aus der Fachwelt hinaus in die Umgangssprache gefunden. Alle diese Begriffe stellen heute nicht nur für die Psychoanalyse, sondern auch für andere Therapieschulen zentrale Bezugspunkte dar.

Die Reihe »Analyse der Psyche und Psychotherapie« greift grundlegende Konzepte und Begrifflichkeiten der Psychoanalyse auf und thematisiert deren jeweilige Bedeutung für und ihre Verwendung in der Therapie. Jeder Band vermittelt in knapper und kompetenter Form das Basiswissen zu einem zentralen Gegenstand, indem seine historische Entwicklung nachgezeichnet und er auf dem neuesten Stand der wissenschaftlichen Diskussion erläutert wird.

Alle Autoren sind ausgewiesene Fachleute auf ihrem Gebiet und können aus ihren langjährigen Erfahrungen in Klinik, Forschung und Lehre schöpfen. Die Reihe richtet sich in erster Linie an Psychotherapeuten aller Schulen, aber auch an Studierende in Universität und Therapieausbildung.

Unter anderem sind folgende Themenschwerpunkte in Planung:
Geschwisterdynamik | Psychose | Infantile Sexualität
Soziale Ängste | Suizidalität | Borderline-Störungen
Depression | Triangulierung | Übertragung/Gegenübertragung
Adoleszenz | Fetischismus

Band 2 **Analyse der Psyche und Psychotherapie**

Günter Gödde, Michael B. Buchholz

Unbewusstes

Psychosozial-Verlag

Bibliografische Information der Deutschen Nationalbibliothek
Die Deutsche Nationalbibliothek verzeichnet diese Publikation in der Deutschen Nationalbibliografie; detaillierte bibliografische Daten sind im Internet über http://dnb.d-nb.de abrufbar.

2. Auflage 2024

E-Mail: info@psychosozial-verlag.de
www.psychosozial-verlag.de

Umschlaggestaltung & Layout: Hanspeter Ludwig, Gießen
www.imaginary-art.net
Satz: Andrea Deines, Berlin

ISBN 978-3-8379-2068-0

Inhalt

Vorwort · 7

Einleitung · 11
Der Metaphernreichtum des Unbewussten – Perspektivität · · · · 11
Vorgeschichte der Seelenlehren · · · · · · · · · · · · · · · · · · 16

Das »vertikale« Unbewusste –
Schichtmodelle von Verdrängung und Repression · · · · · · 21
Drei philosophische Kontroversen über Bewusstsein
und Unbewusstes · 21
Leibniz versus Descartes – Die Anfänge einer bis heute dauernden
Problemgeschichte · 22
Romantik versus Aufklärung – Von der »Lebenskraft« zum vitalen
Unbewussten · 24
»Wille« versus »Intellekt« – Die Wende zum Triebunbewussten · · · 28
Erste Annäherungen an das psychisch Unbewusste –
»Verdrängung« · 32
Verdrängung und »Wahnsinn« bei Schopenhauer · · · · · · · · · · 33
Verdrängung in Nietzsches »entlarvender Psychologie« · · · · · · · 37
Verdrängung in der Herbartianischen Psychologie · · · · · · · · · 39
Die Kontroverse zwischen Bewusstseinspsychologie
und Psychoanalyse · 43
Freuds Konzeptualisierung eines Verdrängungs-
und Triebunbewussten · 46
Der Stellenwert von Freuds Traumdeutung · · · · · · · · · · · · 49

Von der Verdrängung zum dynamischen Unbewussten · · · · · · · 53
Die Topografie der Verdrängung · 55
Verdrängung und Trieb im Instanzenmodell · · · · · · · · · · · · · · 58
Konzeptionelle Mehrdeutigkeit des Unbewussten in tiefenpsychologischen Schulen · · · · · · · · · · · · · · · · · · 60
Kompensation versus Verdrängung – Adlers Aufklärung über unbewusste Machttendenzen · · · · · · · · · · · · · · · · · · 60
Jungs Hinwendung zum kollektiven Unbewussten · · · · · · · · · · 61
Das Unbewusste in der postfreudianischen Psychoanalyse · · · · · 65
Die horizontale Ergänzung · 67

Das horizontale Unbewusste – Ein System sozialer Resonanzen · · · · · · · · · · · · · · · · 69
Eine Zwei-Personen-Psychologie · · · · · · · · · · · · · · · · · · 73
Unbewusstes versteht Unbewusstes – Resonanzphänomene · · · 76
Duale Kodierung · 81
Soziale Resonanz ist lebensnotwendig · · · · · · · · · · · · · · · · 84
Kategorisierung versus Offenheit in der Psychotherapie · · · · · · · 87
Die doppelte Verortung von Tiefe · · · · · · · · · · · · · · · · · 92
Die Entdeckung der Spiegelneuronen · · · · · · · · · · · · · · · · · 96
Das Verstehen von Intentionalität · · · · · · · · · · · · · · · · · · 98
Relationale Psychophysiologie · 105

Die Verbindung von vertikaler und horizontaler Dimension · · 113
Emotionale Positionen · 114
Das »Nebeneinander im Kino« · · · · · · · · · · · · · · · · · · · 118
Eine Schwierigkeit: Das Scannen des Gegenübers · · · · · · · · 121

Therapeutische Dialoge – Schlussbemerkung · · · · · · · · · 125

Literatur · 129

Vorwort

Bewusstsein versus Unbewusstes – das ist ein Thema, das seit Jahrhunderten in immer wieder neuen Anläufen aufgegriffen und diskutiert wird. Im Verhältnis zu anderen Themen wie Erkenntnis und Wahrheit, Tugenden und Laster, Glück und Leid ist es ein vergleichsweise »junges« Problem, wie man schon daran sehen kann, dass der Begriff »Bewusstsein« erstmals im Jahre 1720 von Christian Wolff und der Begriff des Unbewussten sogar erst im Jahre 1800 von Friedrich Wilhelm Schelling verwendet wurde.

Es gibt nicht *die* Kontroverse über Bewusstsein und Unbewusstes, sondern allenfalls eine anhaltende Kontroverse oder besser: eine ganze Reihe von Kontroversen mit höchst unterschiedlichen Pointierungen. Zunächst handelt es sich um ein *philosophisches* Thema, das in der Epoche des Rationalismus und der Aufklärung initiiert wird, in der Romantik eine eminent wichtige Rolle spielt, aber auch in der Philosophie des 19. Jahrhunderts virulent bleibt, besonders in einer Richtung, die als »Philosophie des Unbewussten« bezeichnet wird (etwa Eduard von Hartmann, Arthur Schopenhauer, Friedrich Nietzsche).

Bei Johann Friedrich Herbart, Gustav Theodor Fechner und Carl Gustav Carus sind erste Ansätze einer *Psychologie* des Unbewussten erkennbar. Am Ende des 19. Jahrhunderts kommt es zu einer Abtrennung der wissenschaftlichen Psychologie von der Philosophie; hier formiert sich die »klassische Bewusstseinspsychologie« und als Gegenbewegung zu ihr die Psychoanalyse, für die das Unbewusste zum Grundpfeiler und Aushängeschild wird.

Im 20. Jahrhundert fächert sich die Psychoanalyse in verschiedene tiefenpsychologische Richtungen wie die analytische Psychologie, die Individualpsychologie, die Daseinsanalyse und andere auf. Aber auch innerhalb der Psychoanalyse im engeren Sinne wechseln die Perspektiven: von der Triebkonzeption über die Ich-, die Objektbeziehungs- und Selbst-Psychologie bis zur intersubjektiven Wende. Parallel dazu entwickelt sich die von Edmund Husserl angebahnte »phänomenologische Bewegung«, die in ihren Analysen konsequent vom Bewusstsein ausgeht, aber die Phänomene des Unbewussten durchaus ernst nimmt.

In den letzten Jahrzehnten spielt die Kontroverse über Bewusstsein und Unbewusstes besonders in der »Philosophie des Geistes«, der Säuglings- und Bindungsforschung, der kognitiven Psychologie und den Neurowissenschaften eine Rolle.

Es ist nicht ohne Bedeutung, sich klarzumachen, in welcher Weise eine Theorie basale Unterscheidungen bzw. Schemata anlegt, die dann in der weiteren Entwicklung normalerweise nicht mehr reflektiert werden. Zu diesen Schemata gehören die Polaritäten von Höhe und Tiefe, höheren und niedrigeren Seelenkräften, Vernunft und Leidenschaft, Geist und Fleisch, Leib und Seele, Gut und Böse, oben und unten, vertikal und horizontal, hell und dunkel etc. Solche basalen Unterscheidungen haben erhebliche Konsequenzen – auch für die praktische therapeutische Arbeit.

Wir wollen das Unbewusste unter zwei Hauptperspektiven betrachten: vertikal gesehen als Verdrängungsapparat, horizontal gesehen als sozialer Resonanzraum, kurz gefasst als *repressives* und *resonantes* Modell des Unbewussten. Repression hat mit psychischen Prozessen zu tun, in denen Verdrängung, Hemmung, Abwehr und Unterdrückung wirksam sind. Resonanz kommt dem intuitiven bzw. empathischen Verstehen nahe. Beide Perspektiven spielen bereits in der philosophischen und psychologischen Tradition des 19.

Jahrhunderts eine gewichtige Rolle und erst recht in Freuds Werk und den Weiterentwicklungen seiner theoretischen und therapeutischen Konzepte bis hin zur heutigen psychodynamischen Psychotherapie.

Das repressive kann auch als *vertikales* Modell des Unbewussten bezeichnet werden. Es spricht sich etwa in der Aufforderung an einen Patienten aus, Gedanken »aufsteigen« lassen zu sollen. Freuds Wort von der *Tiefen*psychologie gehört ebenso dazu wie die Vorstellung von seelischen Abgründen. Das vertikale Modell unterscheidet zwischen Oberfläche und Tiefe, die nicht nur gefürchtet, sondern auch als Ort des Wahren, Ursprünglichen und Wirklichen geschätzt wird.

Die theoretische Ausarbeitung des vertikalen Modells hat vorrangig den Aspekt des Repressiven herausgestellt, also die Verdrängung und andere Abwehrleistungen. Die »Wiederkehr des Verdrängten« wird als »Aufstieg« durch die Verdrängungsschranke hindurch gesehen und das passt zur Umgangssprache, wenn wir von *Unter*drückung reden. Während die Verdrängungsschranke das »Untere« vom »Oberen« quer liegend verriegelt, könnte man vom »verinnerlichten« und »inneren Konflikt« sprechen. Stavros Mentzos (2009) hat zuletzt darauf hingewiesen, dass hier schon eine Wendung zu einem horizontalen Modell des Unbewussten angedeutet wird, weil das Äußere vom Inneren geschieden ist.

Die Auffassung von einem resonanten Unbewussten, das gleichsam in *horizontaler* Richtung soziale Bezüge zum anderen entfaltet, steht in eigentümlicher Spannung zu den vertikal gedachten Richtungen eines Unbewussten, das »unten« vermutet wird. So bevorzugte Freud für die therapeutische Haltung in der Praxis ein horizontales Resonanzmodell nach der Devise: Unbewusstes versteht Unbewusstes. Der Analytiker solle »dem gebenden Unbewußten« des Patienten »sein eigenes Unbewußtes als empfangendes Organ zuwenden, sich auf den Analysierten einstellen wie der Receiver des Telephons […] die von Schallwellen angeregten elektrischen Schwankungen der Leitung wieder in Schallwellen verwandelt« (Freud 1912a, S. 381).

Mit einer Haltung »gleichschwebender Aufmerksamkeit« könne das Unbewusste des Therapeuten anhand der »freien Assoziationen« des Patienten dessen Unbewusstes erschließen. Christopher Bollas spricht hier vom »Freud'schen Paar«. Der Bezug zur großen Liebe, die da mit anklingt, stellt einerseits Bezüge her zu jener Sympathie, ohne die es auch bei Sándor Ferenczi »keine Heilung« gibt, andere könnten mit Carl Gustav Jung Bezüge zur *unio mystica* ahnen, moderne Baby-Watcher denken eher in musikalischen Metaphern und sprechen von »attunement« oder von Resonanzen.

In der Behandlungssituation ist das vertikale Modell eher eine Art Hintergrund, eine Ressource, ein orientierender Kompass – nicht aber eine reale Abbildung dessen, was geschieht. In der Behandlungssituation kommen vielfache *Resonanzen* zum Tragen, die im vertikalen Modell nicht ausgedrückt werden könnten, die aber für die therapeutische Beziehungsgestaltung, für den Kontakt, für den Behandlungserfolg, fürs *Verstehen* von größter Bedeutung sind. Gerade in der horizontalen Dimension liegt unseres Erachtens eine weitere Innovation, die schon von Freud angestoßen wurde. Sie findet durch die Entdeckung der Spiegelneuronen (Bauer 2005) ihre neurowissenschaftliche Bestätigung – wir kommen darauf zurück.

Darüber hinaus findet die Freud'sche Idee einer Resonanz neuerdings auch in vielen anderen Studien eine Bestätigung. Wir wollen einige davon berichten und so begründen, weshalb wir meinen, dass die Konzeption des Unbewussten der Überlappung von vertikalem *und* horizontalem Denken bedarf. Dort, wo sich die Linien beider Betrachtungsweisen kreuzen, findet Psychoanalyse nach unserer Auffassung ihre theoretische und eben auch praktische Mitte. Für die therapeutische Arbeit ein unschätzbarer Wert.

Günter Gödde und Michael B. Buchholz

Einleitung

Der Metaphernreichtum des Unbewussten – Perspektivität

Wie auch immer man es formulieren mag, es muss klar sein, dass es hier um *Metaphern* geht, weil eben Seelisches nicht anders als durch Metaphern formuliert werden kann. Das horizontale Modell vollzieht jedenfalls eine »Umwertung der Werte«, schätzt die Oberfläche und sucht unbewussten Sinn *im* verbalen und gestischen Austausch, nicht dahinter.

Freud war ein ungemein vielseitiger Denker. Er wusste, dass man in der Welt des Unbewussten nicht klarkommt, indem man die Dinge auf eine und nur eine Theorie zurechtschneidert. Das Unbewusste entzieht sich solchen Formatierungen und bezwingenden Eindeutigkeiten. Es ist gerade dadurch charakterisiert, dass es in keine alleinige theoretische Schematisierung passt. Jede Theorie des Unbewussten muss sich deshalb immer ihrer Unzulänglichkeit bewusst bleiben.

Eine mögliche Theorie des Unbewussten verbirgt sich hinter der Metapher, dass es sich um einen »Dampfkessel brodelnder Energien« handle. Eine andere steckt in der Vorstellung, das Unbewusste verliere nichts, es sei ein Gedächtnisarchiv von gewaltigen Ausmaßen. Eine weitere liegt in der Vermutung, das Unbewusste beherberge alles Verdrängte.

Solche Bilder verführen schnell zu der Annahme, beim Unbewussten liege eine grenzenlose Beliebigkeit vor, die sich eher in Zufälligkeiten ausdrücke. Das ist aber ganz und gar nicht der Fall. Schon Sigmund Freud versuchte, den unterschiedlichen Aspekten des Unbewussten gerecht zu werden. Dabei zeigt sich, wie sehr die Betrachtung des Unbewussten von der Perspektive abhängt. Der Mensch, seine Geschichte, seine Psyche lassen sich ähnlich wie bei einem kugelförmigen Körper aus unendlichen Perspektiven betrachten. Denkt man daran, dass in der griechischen Antike Aristophanes die Menschen als »Kugelwesen« beschrieb, dann deutet sich hier an, wie sehr schon damals die Perspektivik und die mit ihr verbundene Komplexität für die Menschen an Bedeutung gewann.

Ein solches perspektivisches Denken ergab sich für Freud aus der therapeutischen Praxis. Hier hat er den Analytiker als »Dämonenbekämpfer« (in der Fallgeschichte der Dora) beschrieben, dann aber auch seine eigene Rolle als jemand gesehen, der die »Dämonen« ruft. Er verglich seine Tätigkeit mit der des »Chirurgen«, ja er formulierte sogar, der Analytiker solle sich den Chirurgen »zum Vorbild nehmen« wegen dessen sachlich-kühler Einstellung.

Das steht in klarem logischem Widerspruch zu der nächsten Beschreibung, nach der der Analytiker ein »Spiegel« sein solle, der dem Analysierten nichts zeige, als was dieser ihm zeige. Aber ein Spiegel ist weit passiver als ein Chirurg! Der Chirurg muss heilen, indem er öffnet, eindringt und verletzt. Ein Spiegel hingegen heilt durch homöopathische Dosierung, ein menschlicher Spiegel durch emotionale Wärme. Eine weitere Schwierigkeit kommt hinzu, wenn Freud davon spricht, der Analytiker sei manchmal »Bergführer« und manchmal sogar »Erzieher«. Über welche »Berge« will er führen? Wieso erzieht der Analytiker, der doch »neutral« und »abstinent« bleiben soll? Logisch gesehen sind das Widersprüche, praktisch gesehen aber erscheint ein solcher Blick unbedingt erforderlich.

Eine solche vergleichbare Situation findet sich auch in anderen Bereichen, sie ist für die Psychoanalyse keineswegs einzigartig. Kartografen etwa zeichnen eine Straßenkarte für Autos anders als dieselbe Landschaft mit Wegen für Wanderer oder Radfahrer. Ganz zu schweigen von einem Geologen, der die Gesteinsarten und ihre Verteilung grafisch darstellt. Die Landschaft bleibt dieselbe, Landkarten jedoch fallen ganz verschieden aus. Teils so verschieden, dass der Autofahrer mit einer Wanderkarte nichts anzufangen wüsste, ja sich sogar behindert fühlen würde – und umgekehrt.

Landkarten enthalten sehr unterschiedliche Informationen. Sie sind *keine* Abbildungen! Information wird durch Selektion erzeugt. Man kann gar nicht anders, als bestimmte Aspekte aus dem Gesamten der Landschaft gedanklich gleichsam herauszuschneiden und diese auf der Karte darzustellen. Es ist sogar unmöglich, eine Landschaft vollständig abzubilden. Wenn es gelänge, hätte man nicht eine Karte, sondern eine Verdoppelung der Landschaft im Maßstab 1:1 – und eine solche »Karte« wäre extrem unhandlich.

Information ist nicht etwas, was immer »da« ist und konstant bleibt. Information ist höchst variabel. Die Landkarte entsteht, indem der Kartograf etwas weglässt. Und mehr noch: Er gibt Bedeutung. Bedeutungen wiederum wandeln sich bzw. sind von ihrem Kontext abhängig. Was dem einen zentral für die Linienführung, ist dem anderen ein lästiges Wanderhindernis. Manchmal ist diese Änderung so stark, dass solche Gegenstände der Welt (Autobahnen, Hügelketten) vollständig ignoriert werden. Dann werden sie, um im Vergleich zu bleiben, gleichsam »unbewusst«.

Solche Prozesse, in denen etwas unbewusst bleibt, treten in unserem Alltag fortwährend auf. Führen wir ein Gespräch in einem Zimmer, dann achten wir meistens überhaupt nicht auf die Farbe der Wände oder auf die Temperatur – es sei denn, die Farben sind grell oder »hässlich« und die Temperatur übersteigt bestimmte Werte. Gleichwohl bemerken wir manchmal während eines Gesprächs den fehlenden Knopf am Hemd unseres Gegenübers oder die eigene Müdigkeit oder die Zahnschmerzen – und zugleich ignorieren wir es. Solche Beobachtungen führen wir häufig nicht in die Kommunikation ein, weil sie sie »verstören« würde. Erst wenn wir sie aussprechen, wird es »Information«, obwohl es für unser körperliches Empfinden immer schon eine war und sich in die Wahrnehmung vordrängte.

Warum aber lassen wir solche Wahrnehmungen weg? Weil wir Selektion betreiben, damit das Geschäft der Kommunikation weitergehen kann. Auch Kommunikation basiert auf Selektion. Oder noch stärker formuliert: auf Ignoranz! Wir lassen beständig etwas aus, ignorieren es als »nicht bedeutsam«, als »nebensächlich«, als »nicht dazugehörig«.

Aber solche »Ignoranz« darf natürlich nicht zu weit gehen!

Ein Lehrer in der Schule, der sich beschränken würde auf das bloße Vermitteln von Wissensinhalten und der nicht etwa zugleich Ansprechpartner wäre für seine Schüler, der sich nur beschränken würde auf das eine und *nur* das eine – der würde seine Aufgabe doch wohl recht schlecht erfüllen! Ein Anwalt, der einer wegen Scheidungssachen vor ihm sitzenden weinenden Frau, die nicht ein noch aus weiß, nur die Paragrafen erklären würde, käme seiner Aufgabe wohl schlecht nach. Und würden wir nicht erwarten, dass er sich verantwortlich fühlt, wenn eben diese Frau gewisse Sicherheiten braucht, weil der Ehemann gewalttätig geworden ist?

Ein Arzt, der sich nur für die organischen Aspekte der Krebs-Diagnose interessieren würde, nicht aber für Empfinden, Angst und Ratlosigkeit seiner Patientinnen und Patienten, würde bald das Vertrauen verlieren. Ein Arzt muss sich nicht nur um die körperlichen Aspekte des Wohlergehens seiner Patienten kümmern, sondern ebenso um die seelischen und sozialen, manchmal auch um die finanziellen – und wo er es nicht tut, empfinden wir das als Vernachlässigung seiner ärztlichen Aufgaben. Medizin ist nicht nur technische Lösung körperlicher Probleme, sie bezieht den ganzen Menschen mit ein.

Das Problem der Ganzheitlichkeit bzw. der Perspektivität haben also nicht nur Psychotherapeuten.

In all diesen Fällen drückt sich nämlich eine multiperspektivische Beschreibung dessen aus, was einer zu tun hat, und wir begreifen, dass diese Beschreibungen logisch widersprüchlich sein können. So widersprüchlich oder unlogisch, wie es ist, wenn wir auf einer meteorologischen Karte die Autobahn suchten. Wie aber kann ein Lehrer, ein Anwalt, ein Arzt all diese Aspekte realisieren? Wie kann man sich mit dem »ganzen« Menschen« beschäftigen?

Es lässt sich nun besser verstehen, warum Freud eine solche Vielzahl von metaphorischen Rollen für den Analytiker verwendete. Er löste dies Problem für die analytische Profession, indem er mit seiner Metaphorik vom Chirurgen, vom Spiegel, vom Bergführer, vom Dämonenbekämpfer und Erzieher einige der wichtigsten Perspektiven beschrieb; solche, von denen er meinte, sie könnten helfen, das Problem des »ganzen Menschen« einigermaßen in den Blick zu bekommen. Freuds Multiperspektivität ist also nicht Problem, sondern Lösung.

Nur wer auf der Idee bestehen wollte, dass man mit einem und nur einem einheitlichen Ansatz die Welt bewältigen könnte, müsste darin ein Problem sehen. Nur wer meint, ein einziges wissenschaftstheoretisches Programm müsse überall wirksam durchgesetzt, mit einer einzigen Methode könne jedes Problem gelöst, Effektivität nachgewiesen und Vergleiche durchgeführt werden, der müsste diese Multiperspektivität eliminieren. Wer so denkt, muss sich belehren lassen, dass ein etwas weniger methodischer Rigorismus ein beachtliches Mehr an Realismus zur Folge hat.

Das ist das Problem von Menschen, die meinen, man könne in menschlichen Belangen immer eindeutige Anweisungen geben. Nein, wahrscheinlich ist es richtig, Menschen stattdessen zu befähigen, solche multiperspektivischen »Widersprüchlichkeiten« lebbar zu machen, sie auszuhalten, aus ihnen kreative Kraft zu schöpfen und sie nicht eliminieren zu wollen.

Das gilt erst recht, wenn man sich auf das Unbewusste einer Person einstellen möchte, dessen Bedeutung in dieser Beschreibung in die Nähe von »Unendlichkeit« rückt. Nicht etwa »unendlich weit entfernt«, sondern »unendlich viel« an Bedeutungsgehalt, an Stimmungen, an Schwankungen und Instabilitäten, an symbolischen Chiffren und Schattierungen, an Verknüpfungen von Ideen, Bildern, Worten. Sich dieser Dimension zu öffnen, ist der Sinn der behandlungstechnischen

Grundregel, wonach sich das empfangende Unbewusste des Analytikers auf das des Analysanden einstellen solle wie der Receiver des Telefons auf den Teller. Gleichsam magnetische Schwingungen aufnehmen und sie durch die Aufnahme hörbar machen – schon wieder eine Metapher.

Vorgeschichte der Seelenlehren

Das Wesen des Menschen ist Gegenstand Jahrtausende alter Erörterungen. Der Streit geht darum, ob der Mensch ein mehr von seiner Geistigkeit oder von seinen niederen Kräften bestimmtes Wesen sei.

Ein früher (christlicher) Ausgangspunkt für die Abtrennung des »inneren Menschen« ist Paulus:

> »So finde ich nun ein Gesetz, daß mir, der ich will das Gute tun, das Böse anhanget. Denn ich habe Lust an Gottes Gesetz nach dem inwendigen Menschen, ich sehe aber ein ander Gesetz in meinen Gliedern, das da widerstreitet dem Gesetz in meinem Gemüte und nimmt mich gefangen in der Sünde Gesetz, welches ist in meinen Gliedern« (Röm. 7, 22ff.).

Und an einer anderen Stelle schreibt er: »Darum werden wir nicht müde; sondern ob auch unser äußerlicher Mensch verfällt, so wird doch der innerliche von Tag zu Tag erneuert« (2. Kor. 4, 16).

Hier ist mit der Unterscheidung des inneren vom äußeren Menschen zugleich die Unterscheidung des Guten vom Bösen angesprochen; in den Gliedern wohnt »ein ander Gesetz« als im »Gemüte«. Zwar schreibt Paulus im ersten Brief an Timotheus (6, 16), dass Gott in »unzugänglichem Lichte wohnt«, aber zugleich gibt er auch der Überzeugung Ausdruck: »Ich lebe aber, doch nun nicht ich, sondern Christus lebt in mir« (Gal. 2, 20).

Man muss sich nicht auf lange theologisch-hermeneutische Klärungen einlassen, um zu sehen, dass der in Paulus lebende

Christus einer ist, der von oben aus der Höhe, aus der himmlisch-göttlichen Sphäre zu ihm gesandt, in ihn eingesenkt wurde, und dass der Ort, den er als »Gemüt« bezeichnet, jener ist, an dem er ihn empfängt. Dem so von erleuchtendem Licht erstrahlten Gemüt stehen die »anderen Gesetze des Fleisches« entgegen, die sich auszutreiben ein die Menschheit fesselndes Unternehmen geworden ist. Die Stichworte dazu lauten: Geißler und Ketzer, Inquisition und Zucht, Askese und freier Wille. Sie werden zu seelischen Mächten, die darüber gebieten, ob wir das Gute tun und das Böse lassen.

So sah es die christliche Tradition, und die Philosophen wurden in ihrer überwältigenden Mehrheit nicht müde, dies ebenso zu sehen. Freilich reichen hier die Wurzeln weit über die christliche Tradition hinaus. Vor allem ist die Platon'sche Seelenlehre zu nennen, die mittelalterliche Philosophie mit Thomas von Aquin und seinen Gegenspielern wie Albertus Magnus, Dietrich von Freiberg und Meister Eckhart sowie der Deutsche Idealismus bis hin zu so esoterischen Denkern wie Rudolf Steiner.

Nicht zufällig will uns erscheinen, dass diejenigen, die anders dachten, zugleich diejenigen waren, die eine Geschichte der persönlichen Verfolgung, Ausgrenzung und Marginalisierung hinter sich hatten. Wir denken an den von Thomas von Aquin gleichsam politisch niedergetretenen Ibn Ruschd, dessen arabische Tradition und Aristoteles-Interpretation bis zu den Pariser Erlassen um 1270 höchst einflussreich war. Wir denken aber auch an Spinoza, dessen radikale Rationalität sich aus den Erfahrungen der inquisitorischen Verfolgung ebenso speiste wie aus seiner Vertreibung aus der jüdischen Gemeinde von Amsterdam.

Nur wenige dachten nicht im Schema von höheren und niederen Seelenkräften. Cusanus lehrte die Möglichkeit und Unmöglichkeit der Teilhabe an der Unendlichkeit, Meister Eckhart die Befreiung des Ichs aus den Banden der Selbstbehauptung (vgl. Flasch 2004, S. 46, und 2006, S. 136). Das waren sozusagen frühe Relationalisten, Denker der menschlichen Bezogenheit in einem göttlichen Kosmos. Aber die meisten dachten gleichsam autistisch, sahen »den Menschen« in diesem Pluralis majestatis als vereinzelten Einzelnen, der von höheren oder niederen Kräften bestimmt war. Schopenhauer nannte dies 1819 die »Welt als Wille und Vorstellung«, wobei der Wille wohl dem nahekommt, was wir heute als »Trieb« bestimmen würden, und die »Vorstellung« das anvisiert, was heute unter dem Titel des Konstruktivismus thematisiert würde. Wir sehen die Welt als *unser* Gebilde und sind dabei vom Willen in einer uns nur höchst beschwerlichen Durchsichtigkeit getrieben. Nietzsche schließt sich dem an, wenn auch mit einer »Umwertung der Werte«; er feierte die Triebe und wandte sich gegen die einengenden Mächte des Moralischen, die den Menschen nur schwächten.

Den Widerstreit zwischen diesen Kräften greift dann die ebenfalls weitgehend solipsistisch, ich-orientiert verfahrende Psychoanalyse auf, jedenfalls in Wendungen wie denen, die vom Unbewussten als einem Dampfkessel brodelnder Energien reden, oder wenn Freud sich an seinem Lebensabend anbietet, zu erweisen, dass sich auch die höheren Stockwerke des Seelenlebens, eben jene geistigen Mächte, aus dem naturhaften unteren Grunde ableiten ließen. Dass Freud vielfach aus diesem Schema ausgebrochen ist, wollen wir hier gerne bestätigen, etwa wenn er die Psychoanalyse als »weltliche Seelsorge« bestimmt (vgl. Buchholz 2003). Dennoch sah er ähnlich wie Carl Gustav Jung auch noch tiefere Grabungen für möglich an, wenn er gelegentlich vom *gemeinsamen* Unbewussten sprach. Jung jedenfalls grub, immer in diesem Schema von Oben und Unten bleibend, noch das *kollektive* Unbewusste aus.

Der Fortschritt wurde eindeutig darin gesehen, tiefer zu graben und wie ein Archäologe Schätze ans Tageslicht zu fördern; darin überboten sich die Psychoanalytiker der ersten Generation in kleinen Aufsätzen, die kurze klinische Notizen waren und die dem Leser die frischen Befunde der seelischen Ausgrabungen zum Staunen überreichten.

Das vertikale Schema bestimmte also auch die Haltungen der Psychoanalytiker. Während manche weiterhin »paulinisch« vor den bösen Mächten des Fleisches warnten, konnten diejenigen, die tiefer sahen, leichter für eine Befreiung der niederen Kräfte eintreten, was sich etwa am Stichwort der »kulturellen Sexualmoral« und ihren rigiden Einschränkungen zeigt (vgl. Freud 1908). Der aufklärerische Gestus war der einer Enttabuisierung, einer Lockerung der Mächte und Kräfte statt deren Niederhaltung. Dies wandelte sich, als Freud 1920 nach den Erfahrungen des Ersten Weltkriegs vom Todestrieb zu sprechen begann. Bis hin zu Alexander Mitscherlich reichte nun der neue Gestus des Warners und Mahners, der die Öffentlichkeit über das Raubtier unter dem »dünnen Firnis der Zivilisation« informierte.

Aufklärung wurde hier nicht als Befreiung der unteren Seelenvermögen, sondern als Warnung vor ihnen umbuchstabiert. Auch das war bei Freud, etwa in seinem der *Traumdeutung* von 1900 vorangestellten Motto enthalten. Darin heißt es: Wenn er die oberen Kräfte nicht bewegen könne, dann wolle er die unteren mobilisieren – und dies Motto war von Ferdinand Lassalle entliehen, der es in lateinischer Form von Vergil übernommen hatte. Dies ist deutlich ein Motto, das die gesellschaftliche Schichtung von »unten« und »oben« auf die seelischen Verhältnisse übertrug. Freilich scheinen diese oder vergleichbare Formeln heute weitgehend ausgereizt.

Bereits Immanuel Kant hatte in seiner *Anthropologie in pragmatischer Absicht* empfohlen, die eigene Vernunft zu perspektivieren, sie also vom Standpunkt der fremden Vernunft aus wahrzunehmen. Nietzsche nannte das in *Menschliches, Allzumenschliches* das Rätsel der »großen Loslösung«: sich lösen zu können von der Einseitigkeit jedes einzelnen eingenommenen Standpunktes. Die Vernunft habe nämlich, so Kant, keine eigene Wahrheit; sie gehe von Standpunkten aus, die ihre Horizonte notwendigerweise begrenzten. Man könne die Vernunft anderen nicht »eingießen«, sondern sie nur »aus sich selbst herausbringen«, wolle man zu Weisheit gelangen. Dazu gibt Kant drei Maximen an: Man müsse »selbstdenken«, sich »an die Stelle des Anderen denken« und »jederzeit mit sich selbst einstimmig denken« können.

Die eigene Vernunft zu perspektivieren, das nennen wir heute: »Mentalisierung«. Wenn hier ein Zusammenhang besteht, dann ist doch die Begründung durch Kant auch heute noch interessant: Es müsse nämlich einen Streit der Vernunft geben, aber der heißt nicht »Krieg«, sondern verhindert ihn geradezu. Ziel der Vernunft ist deshalb nicht »Wahrheit«, sondern nach Kant der Friede unter den Individuen.

Sieht man, wie sehr die bisherige Anthropologie im Schema von oberen, hellen, vernunftgeleiteten Kräften im Gegensatz zu den unteren, verderbten, affektiven oder triebbestimmten Kräften gedacht hat, und sieht man, wie dies Schema die Kur und die denkbaren Heilmittel bestimmt hat, dann sieht man auch, wie sehr sich die Situation heute verändert hat. Freud konnte die Erkenntnis, dass das Ich nicht »Herr im eigenen Hause« sei, noch als eine weitere große Kränkung der Menschheit bezeichnen. Heute aber mehren sich die Zweifel, ob diese These noch stimmt.

Der amerikanische Philosoph Richard Rorty (1991) hat in einer Reihe von Texten gegen die Vorstellung von einer wesenhaften menschlichen Natur polemisiert, und das zielte auch auf die Aufhebung des Oben-unten-Schemas. Weder »Natur« noch platonische Ideen oder mentale Bilder – nichts von alldem sei unabhängig von anderen Gegebenheiten. Er kritisiert auch den frühen Wittgenstein und den späten Heidegger, weil diese immer noch nach etwas suchten, was »ursprünglich« sei, oder aber etwas, was geschaut oder gezeigt, nicht aber ausgesagt werden könne. Eine ähnliche Suche, so kann man mit Marcia Cavell (1997) vermuten, könnte auch Freuds Archäologie angetrieben haben, als Suche nach einem Ursprung in der Tiefe.

Das »vertikale« Unbewusste – Schichtmodelle von Verdrängung und Repression

Die Konturen des vertikalen Unbewussten lassen sich als Entwicklungsgeschichte von der Dialektik zwischen Aufklärung und Romantik über die »Philosophie des Unbewussten«, die Kontroversen zwischen der klassischen Bewusstseinspsychologie und der Psychoanalyse, zwischen Freud, Adler und Jung bis hin zu neueren Strömungen der Tiefenpsychologie nachzeichnen. Diese Entwicklungsetappen weisen eine historische Dimension auf, sollten aber nicht als historisch »abgeschlossen« betrachtet werden. Sie bleiben vielmehr eine sich immer wieder erneuernde Bewegung – sowohl aufgrund neuer sozial- und kulturwissenschaftlicher Interpretationen als auch aufgrund aktueller Forschungsergebnisse etwa der Säuglings- und Bindungs-, der neurowissenschaftlichen und der therapeutischen Forschung (vgl. Buchholz/Gödde 2005a und b).

Drei philosophische Kontroversen über Bewusstsein und Unbewusstes

Wenn wir von der Entstehung der beiden Gegensatzbegriffe Bewusstsein und Unbewusstes ausgehen, können wir sehen, dass die Kontroversen über diese Thematik im frühen 18. Jahrhundert einsetzen.

Leibniz versus Descartes – Die Anfänge einer bis heute dauernden Problemgeschichte

Der 1720 eingeführte Begriff des *Bewusstseins* lässt sich auf eine Übersetzung des Descartes'schen Begriffs der »conscientia« zurückführen und bezeichnet das vernünftige, ichbezogene, klare und deutliche Erkennen. René Descartes kann als Begründer der Bewusstseinsphilosophie betrachtet werden. Von ihm stammt die berühmte Begründung des neuzeitlichen Ichs: »Cogito, ergo sum.« Ich denke, also bin ich. Indem ich denke, habe ich die unmittelbare Gewissheit, dass ich existiere. Mit dem »cogito« war nicht nur Denken im engeren Sinne, sondern *Tätigkeit der Seele* überhaupt gemeint. Das Neuartige bei Descartes lag darin, dass er die Seele vom christlichen Begriff des Gewissens ablöste.

Von Descartes stammt auch der zum Widerspruch reizende Satz: »Anima semper cogitans.« Die Seele (res cogitans) sei immer im Zustand des Denkens und damit des Bewusstseins. Der Körper (res extensa) habe hingegen bloß räumliche Ausdehnung und Bewegung. Wenn Seele und Leib strikt getrennt werden, dann kann es allenfalls ein leibliches oder *physiologisches* Unbewusstes geben. Für eine unbewusste Vorstellungs- und Denktätigkeit hingegen bleibt kein Platz. Von jener Position rührt die Gleichsetzung des Psychischen mit dem Bewussten.

Allerdings wandten einige Philosophen bereits in der damaligen Epoche des Rationalismus ein, dass es auch »dunkle« und unklare Vorstellungen gebe, die mehr oder weniger unbewusst seien. In diesem Kontext wurde Leibniz zum großen Gegenspieler Descartes'. Er entwickelte zu Beginn des 18. Jahrhunderts mit seiner Lehre von den »petites perceptions« eine erste Konzeption des Unbewussten. Es wäre ein großer Irrtum anzunehmen, es gäbe keine Wahrnehmungen, derer man sich nicht bewusst sei. Vielmehr existieren in jedem Augenblick unendlich viele »unmerkliche Vorstellungen«, die uns deshalb nicht bewusst werden, weil sie »entweder zu schwach und zu zahlreich oder zu gleichförmig sind […].

Aber mit anderen verbunden, verfehlen sie ihre Wirkung nicht und lassen sich in der Anhäufung wenigstens verworren empfinden« (Leibniz 1765, S. 24). Jede auch noch so unklare und dunkle Kognition hat demnach vielfältige Wirkungen auf die Wahrnehmung, auf das Denken, den Geschmack, die Gewohnheiten und geht als Bestandteil in jede deutlich bewusste Vorstellung ein.

Dies veranschaulicht Leibniz am Brausen oder Rauschen des Meeres:

> »Um dieses Rauschen hören zu können, muß man die Bestandteile hören, die dieses Ganze ausmachen, das heißt das Rauschen jeder Welle, wenn auch jedes dieser schwachen Geräusche sich nur in der verworrenen Anhäufung aller anderen zusammen erkennen läßt und man es nicht bemerken würde, wenn die es verursachende Welle allein da wäre« (ebd., S. 25).

Unmerkliche Vorstellungen können auch im Gedächtnis Spuren vergangener Seelenzustände hinterlassen oder sich in diffuser Unentschlossenheit und in Zweifeln äußern oder den Willen aufstacheln, um seelischen Verstimmungen entgegenzuwirken.

Was ist aus heutiger Sicht noch wichtig an der Kontroverse zwischen Leibniz und Descartes?

Es ist nicht übertrieben zu sagen, dass Descartes mit seinem betonten Eintreten für die denkende und vom Leib strikt getrennte Seele die Weichen für den Siegeszug der Bewusstseinsphilosophie gestellt hat. Allerdings verführte ihn die Innenperspektive der ersten Person (»ich«) dazu, eine Selbsttransparenz des Bewusstseins anzunehmen, die durch die heutigen, aus der Außenperspektive (dritte Person) operierenden Wissenschaften in Zweifel gezogen wird. Dadurch wird unser eigenes Bewusstsein von etwas unendlich Nahem zu etwas Fremdem und weit Entferntem und darum zu etwas Rätselhaftem und Mysteriösem. Die Annahme eines Leib-Seele-Dualismus – und damit die einer unkörperlichen Seele – lässt sich heute nicht mehr aufrechterhalten.

Leibniz nahm noch kein vom Bewusstsein gesondertes Unbewusstes an, sondern vertrat ein Gesetz der *Kontinuität*, wonach es Abstufungen der Klarheit und Intensität des Bewusstseins gebe. Eduard von Hartmann (1869, S. 15) hielt Leibniz später entgegen, dass er »den wahren Begriff des Unbewussten als ein dem Bewusstsein entgegengesetztes Gebiet und die Bedeutung desselben für Gefühl und Handeln« verfehlt habe. Dennoch hat Leibniz eine erste Traditionslinie des Unbewussten angebahnt, die man als die des *kognitiven* Unbewussten bezeichnen kann (vgl. Pongratz 1984, S. 188ff.; Gödde 1999, S. 29ff.). Sie wurde von Kant, Herbart, Helmholtz, Wundt u.v.a. weitergeführt und reicht bis zur heutigen Kognitionspsychologie (vgl. Mertens 2005).

Dem Bereich des kognitiven Unbewussten lassen sich jene Empfindungen, Wahrnehmungen, Vorstellungen und jene Formen des Tuns, Denkens und Lernens zuordnen, die nicht registriert, bemerkt, gewusst und infolgedessen auch nicht verbal mitgeteilt werden können. Entscheidend für diese Denktradition war die Basisannahme, dass mehr oder weniger unbewusste psychische Prozesse existieren und eine hochgradige Wirksamkeit entfalten können. Von der Annahme unbewusster Kognitionen im Sinne von unbewussten Vorstellungen, Wahrnehmungen, Gedanken, Schlüssen etc. war es dann nicht weit zu anthropologischen und psychologischen Konzepten, in denen es um unbewusste Strebungen, Triebe, Absichten, Handlungen sowie unbewusste Erinnerungen, Motive, Gefühle, Affekte, Konflikte geht.

Romantik versus Aufklärung – Von der »Lebenskraft« zum vitalen Unbewussten

Gegen Ende des 18. Jahrhunderts formierte sich eine Gegenbewegung zur Aufklärung, die als »Sturm und Drang« bezeichnet wird und später in die Romantik einmündete. Sie wendet sich dagegen, dass alles Menschliche nur noch am Maßstab des Denkens und der Vernunft gemessen und der Wert des Bewusstseins als des rational Zugänglichen einseitig betont wird. Zu den Initiatoren dieser Gegenbewegung gehörten Johann Georg Hamann, Johann Gottfried Herder und der junge Goethe.

In seinen *Ideen zur Philosophie der Geschichte der Menschheit* hält Herder ein Plädoyer für die »Lebenskraft«, die in der medizinischen Anthropologie jener Zeit zu einem zentralen Topos wird (vgl. Goldmann 2005). Für das Wirken einer solchen organischen Kraft spreche, dass der größte Teil der Lebensverrichtungen in uns ohne das Bewusstsein und den Willen der Seele verloren ginge:

> »Und diese Lebenskraft haben wir alle in uns; in Gesundheit und Krankheit stehet sie uns bei, assimiliert gleichartige Teile, sondert die fremden ab, stößt die feindlichen weg; sie ermattet endlich im Alter und lebt in einigen Teilen noch nach dem Tode. Das Vernunftvermögen unsrer Seele ist sie nicht; denn dieses hat sich den Körper, den es nicht kennet und ihn nur als ein unvollkommenes, fremdes Werkzeug seiner Gedanken braucht, gewiß nicht selbst gebildet. Verbunden ist es indes mit jener Lebenskraft, wie alle Kräfte der Natur in Verbindung stehen; denn auch das geistige Denken hängt von der Organisation und Gesundheit des Körpers ab […]. So gewiß ich's weiß, daß ich denke, und kenne doch meine denkende Kraft nicht, so gewiß empfinde und sehe ich's, daß ich lebe, wenn ich auch gleich nie weiß, was Lebenskraft sei. Angeboren, organisch, genetisch ist dies Vermögen; es ist der Grund meiner Naturkräfte, der innere Genius meines Daseins« (Herder 1784–91, S. 127).

Herders Philosophie läuft darauf hinaus, dass der Mensch ein lebendiger, von unbewussten kosmischen Mächten bestimmter Organismus sei. Mit dieser vorromantischen Weltanschauung hat er den jungen Wolfgang Goethe inspiriert (Nicholls 2010).

Ludwig Klages widmet in seinem Buch *Goethe als Seelenforscher* sogar ein ganzes Kapitel »Goethe als Entdecker des Unbewußten«. Bei Goethe findet sich schon der Begriff des »Unbewusstseins«: »Der Mensch kann nicht lange im bewußten Zustande […] verharren; er muss sich wieder ins

Unbewusstsein flüchten; denn darin lebt seine Wurzel« (zit. nach Klages 1932, S. 39).

Hier erscheint das Unbewusstsein als Refugium, als Stätte der inneren Ruhe und des Zu-sich-selbst-Kommens. Das Adjektiv »unbewusst« taucht erstmals 1777 in Goethes Gedicht »An den Mond« auf. Dort heißt es in der letzten Strophe:

> »Was vom Menschen unbewußt oder nicht gedacht
> wandelt durch das Labyrinth der Brust in der tiefen Nacht.«

Das Konzept der Lebenskraft kann als wesentlicher Vorläuferbegriff des romantischen Unbewussten gelten. Ihre Blütezeit erlebte diese zweite Tradition des Unbewussten in der romantischen Naturphilosophie und in der romantischen Medizin. Auch der Spätromantiker Carl Gustav Carus hielt an der Konzeption der Lebenskraft noch fest, ging aber zum Begriff des Unbewussten über und entwarf erstmals eine Psychologie des Unbewussten. Sein Hauptwerk *Psyche* von 1846 leitete er mit dem für die damaligen Verhältnisse höchst ungewöhnlichen Satz ein: »Der Schlüssel zur Erkenntnis vom Wesen des bewußten Seelenlebens liegt in der Region des Unbewußtseins.«

Für ihn lässt sich die Psyche in drei Regionen aufteilen:

- Das *absolut* Unbewusste gilt als zentrale Region des Seelenlebens, in die »kein Strahl des Bewußtseins« dringt.
- Das *relativ* Unbewusste ist das vorübergehend unbewusst Gewordene.
- Das *Bewusstsein* ist gleichbedeutend mit Gefühl, Erkenntnis und Handlung.

Zu den wesentlichen Merkmalen des Unbewussten rechnete Carus die »Unermüdlichkeit«: Im Unbewussten gebe es kein Innehalten, keine Unterbrechung, kein Aufhören. Ein zweites Merkmal kann man als »Unmittelbarkeit« bezeichnen: Was im Unbewussten vorgeht, bedürfe »keines mühsamen Erlernens, keiner Einübung, um es zur Fertigkeit zu bringen«: »leicht und unmittelbar wird hier alles geübt und vollbracht, was die Wesenheit gerade dieses bestimmten Seins fordert«. Ein weiteres Merkmal sei die »ursprünglich unversiegbare Gesundheit« des Unbewussten. Carus spricht von der »Heilkraft der Natur« (Carus 1846, S. 54 und 61f.).

Zusammenfassend kann man sagen, dass sich in der Romantik eine zweite Traditionslinie des Unbewussten herausgebildet hat. Was sind die essenziellen Bestandteile dieser Traditionslinie?

Die Romantik setzt sich für eine Aufhebung des Descartes'schen Leib-Seele-Dualismus ein. Sie wendet sich gegen die Gleichsetzung von Seele und Bewusstsein. Die Lebenskraft als Vorläuferbegriff des Unbewussten wird zunächst als dritte Substanz neben der denkenden Seele und dem Körperlich-Materiellen verstanden. Carus ist dann aber für eine Einheit von Leib, Seele und Lebenskraft eingetreten. Er nimmt eine Wesensgegensätzlichkeit von Bewusstem und Unbewusstem an, die einen Gegenpol zu Leibniz' Lehre von der Kontinuität des Bewusstseins bildet. Seine Konzeption hebt sich aber deutlich von jenem schroffen Dualismus ab, wie er sich bei Schopenhauer, Nietzsche und Freud findet. Die zweite Traditionslinie lässt sich als die des *romantisch-vitalen Unbewussten* bezeichnen.

In der Tradition von Carus steht ein Autor, der einen der ganz seltenen philosophischen Bestseller geschrieben hat. Eduard von Hartmanns berühmt-berüchtigte *Philosophie des Unbewussten* erscheint 1869 in der Erstauflage, erlebt danach fast jährlich eine Neuauflage – insgesamt sind es zwölf Auflagen – und wächst schließlich auf drei Bände an. Hartmann unterscheidet *drei Arten des Unbewussten*:

- Das *physiologische* Unbewusste hat eine wichtige Funktion für die Reflexbewegungen, die Naturheilkraft, das organische Bilden, die Triebe, die Gewohnheiten und Fertigkeiten sowie für die Vermittlung der willkürlichen Bewegungen.
- Das *psychische (relative)* Unbewusste umfasst Empfindungen, die noch nicht stark genug geworden sind, um die

Bewusstseinsschwelle zu überschreiten, und Vorstellungen, die schon wieder aus dem Bewusstsein entschwunden, aber noch nicht tief genug verklungen sind.

- Das eigentliche Unbewusste sei das *absolute (metaphysische)* Unbewusste, das den körperlichen und seelischen unbewussten Vorgängen als »psychische Tätigkeit« zugrunde liege.

Man sieht an dieser Aufteilung, dass sich Hartmann viel stärker als Carus dem physiologischen Unbewussten gewidmet hat. Er steht unter dem Einfluss Hegels und Schopenhauers und will mit der Romantik nichts mehr zu tun haben. An einem metaphysischen Begriff des Unbewussten hält er aber fest, sodass sein System bei fast allen anderen Autoren, die sich später um eine wissenschaftliche Fundierung des Unbewussten bemühten, auf schroffe Ablehnung gestoßen ist.

»Wille« versus »Intellekt« – Die Wende zum Triebunbewussten

Eine dritte philosophische Traditionslinie des Unbewussten wird von Arthur Schopenhauer und Friedrich Nietzsche repräsentiert. Hat bereits Friedrich Wilhelm Schelling den menschlichen »Willen« in einer anti-idealistischen Wendung als Drang, Trieb und Begierde neu bestimmt, so verhilft Schopenhauer der Annahme einer gefährlichen Triebnatur des Menschen und damit auch dem in der Romantik noch weitgehend tabuisierten »Bösen« zum Durchbruch.

Schopenhauers philosophisches System stellt die bis dahin übliche Rangordnung von Geist und Triebnatur geradezu auf den Kopf: Der Mensch sei seinen egoistischen Begierden, seinem »Willen zum Leben«, unterworfen und könne dem mit seinem »Intellekt« wenig entgegensetzen. Der Wille, der als blind, erkenntnis- und intentionslos charakterisiert wird, sei stets das Primäre und Fundamentale. Ihm gegenüber erweise sich der Intellekt »durchweg als das Sekundäre, Untergeordnete und Bedingte«. Dieser Nachweis sei umso nötiger, als alle seine philosophischen Vorläufer:

> »das eigentliche Wesen oder den Kern des Menschen in das erkennende Bewußtsein setzen, und demnach das Ich oder bei vielen […] die Seele als das zunächst und wesentlich erkennend, ja *denkend*, und erst in Folge hievon, sekundärer und abgeleiteter Weise, als *wollend* aufgefaßt und dargestellt haben. Dieser uralte und ausnahmslose Grundirrtum ist, vor allen Dingen, zu beseitigen« (1844, S. 232).

Die Welt des »Willens« sei »nicht wesentlich mit dem Bewußtsein verbunden«, sondern verhalte sich zum Bewusstsein »wie ein Beleuchtetes zum Licht, wie die Saite zum Resonanzboden« (ebd., S. 323). Und an anderer Stelle heißt es:

> »Alles Ursprüngliche, alles echte Sein ist unbewußt: was durch das Bewußtsein durchgegangen ist, ist Vorstellung geworden, und seine Äußerung ist die Mitteilung einer Vorstellung. Alle echten Eigenschaften im Charakter oder Geiste des Menschen sind daher unbewußt, und nur als solche machen sie tiefen Eindruck« (1818–1830, S. 439).

Philosophiegeschichtlich gesehen vollzieht Schopenhauer damit eine Wende sowohl vom Geist zum *Leib* und zu den *Trieben* als auch vom Rationalen zum *Irrationalen*. Seine Position lässt sich an den von ihm verwendeten Metaphern gut verdeutlichen. Er vergleicht das Verhältnis von »Wille« und »Intellekt« mit dem von Herz und Kopf, Wurzel und Krone, Herr und Diener/Knecht, einem starken Blinden, der den sehenden Gelähmten auf den Schultern trägt, und einem unbändigen Ross und seinem Reiter (vgl. Buchholz/Gödde 2005c). Freud wird später das Gleichnis von Ross und Reiter zur Darstellung des Verhältnisses von Es und Ich verwenden.

Nietzsche hat im Alter von 21 Jahren eine Art »Schopenhauer-Bekehrung« erlebt. Zentrale Orientierungspunkte seines Frühwerks bilden der »unbewusste Wille zum Leben« und das »Dionysische«. In einer zweiten – aufklärerischen – Entwicklungsphase distanziert er sich jedoch immer stärker von den metaphysischen Grundannahmen Schopenhauers. Nunmehr betrachtet er die *Triebe* als die maßgeblichen Kräfte des Lebens, die den gesamten leibseelischen Organismus in Bewegung versetzen. Sie drängen von innen nach außen, um ihre physiologische Kraft zu entladen.

Diese Orientierung am »Leitfaden des Leibes« steht in engem Zusammenhang mit seinen eigenen Krankheitserfahrungen. Daher habe er sich oft gefragt, »ob nicht, im Grossen gerechnet, Philosophie bisher überhaupt nur eine Auslegung des Leibes und ein *Missverständnis des Leibes* gewesen ist« (1882, S. 348). Der Erkennbarkeit der aktuell gerade wirksamen, miteinander ringenden und sich durchsetzenden Triebe seien enge Grenzen gesetzt:

> »Wie weit Einer seine Selbsterkenntnis auch treiben mag, Nichts kann doch unvollständiger sein, als das Bild der gesammten *Triebe*, die sein Wesen constituiren. Kaum dass er die gröberen beim Namen nennen kann: ihre Zahl und Stärke, ihre Ebbe und Fluth, ihr Spiel und Widerspiel unter einander, und vor Allem die Gesetze ihrer *Ernährung* bleiben ihm ganz unbekannt« (1881, S. 111).

Weiter fragt sich Nietzsche, ob »auch unsere moralischen Urtheile und Werthschätzungen nur Bilder und Phantasien über einen uns unbekannten physiologischen Vorgang sind« und ob nicht »all unser sogenanntes Bewusstsein ein mehr oder weniger phantastischer Commentar über einen ungewussten, vielleicht unwissbaren, aber gefühlten Text ist« (ebd., S. 113).

In diesem Zusammenhang stellt er die Vorrangstellung des Bewusstseins im Seelenleben generell infrage:

> »Man denkt, hier sei *der Kern* des Menschen; sein Bleibendes, Ewiges, Letztes, Ursprüngliches! Man hält die Bewusstheit für eine feste gegebene Grösse!« Dies sei aber eine »lächerliche Ueberschätzung und Verkennung des Bewusstseins«. Das Bewusstsein habe sich überhaupt *»nur unter dem Druck des Mittheilungs-Bedürfnisses entwickelt«* und sei eine »Gefahr«, ja eine »Krankheit« (1882, S. 382f., 591 und 593).

Nietzsches Umwertung des Bewusstseins mag teilweise überspitzt sein, zeigt aber seinen – genealogischen – Denkstil, mit dem er gegen die idealistische Bewusstseinsphilosophie zu Felde zog. Dieser Denkstil, den man als »dynamischen Kritizismus« bezeichnen kann, sollte erstarrte Begriffe wieder in Bewegung bringen (Schlimgen 1999, S. 164).

Die Begrifflichkeit des Unbewussten kommt auch und gerade in seiner Moralkritik zum Tragen. Dies lässt sich an seiner Analyse des Mitleids verdeutlichen: Angeblich bedeutet Mitleid, nicht mehr an sich zu denken. In Wirklichkeit denken wir zwar »nicht mehr bewusst an uns, aber *sehr stark unbewusst*«. Unser starkes Selbstinteresse lasse sich daran erkennen, dass wir immer dann unsere Hilfe zur Verfügung stellten, wenn wir »als die Mächtigeren, Helfenden hinzukommen können, des Beifalls sicher sind, unsern Glücks-Gegensatz empfinden wollen oder auch uns durch den Anblick aus der Langenweile herauszureissen hoffen« (1881, S. 125f.).

Aus Nietzsches Sicht ist Schopenhauers Philosophie, die alle Moralität aus dem Mitleid ableitet, »unbewusst die Sachwalterin aller irdischen Schadhaftigkeit« (1878, S. 581), denn das Mitleiden habe das Leiden nötig. Durch die überwertige Ausrichtung an den Gefühlen und Bedürfnissen des anderen würde die eigene Lebenskraft geschwächt. Kritisiert Nietzsche die depressionsfördernde Wirkung des Mitleids, so erst recht dessen Erhöhung zur maßgeblichen Tugend.

In seinem Spätwerk bezeichnet Nietzsche es als ein »Grundmißverständniß« Schopenhauers, dass er die Begierde für das »*Wesentliche*« am Willen gehalten, dadurch zu einer »Wertherniedrigung des Willens bis zur Verkümmerung« gelangt sei und im Nicht-mehr-Wollen »etwas Höheres, ja *das* Höhere« gesehen habe (1885–1887, S. 435). Im Gegensatz dazu nimmt Nietzsche eine über die bloße Selbst- und Arterhaltung hinausgehende Tendenz alles Lebendigen an, die eigene Machtsphäre nach allen Seiten zu erweitern. Ein solcher »Wille zur Macht« koordiniere und integriere die Vielfalt der eigenen Triebe und verteidige die einmal erlangte Einheit sowohl im Inneren als auch nach außen. Nicht Erlösung von der Dranghaftigkeit des Willens, sondern dessen Stärkung im Sinne einer Triebgestaltung war Nietzsches Anliegen.

Ordnet man Schopenhauer und Nietzsche der Denktradition eines »*triebhaft-irrationalen*« Unbewussten zu, so kann man zusammenfassend drei philosophische Traditionslinien des Unbewussten unterscheiden:

1. das *kognitive* Unbewusste (Leibniz, Kant, Herbart),
2. das *romantisch-vitale* Unbewusste (Goethe, Schelling, Carus) und
3. das *triebhaft-irrationale* Unbewusste (Schopenhauer, Nietzsche).

Es lohnt sich, die Verästelungen dieser unterschiedlichen Vorstellungen vom Unbewussten noch etwas weiter zu verfolgen, insbesondere bei Schopenhauer und Nietzsche. Denn wir werden dabei interessante Verbindungen zu Freud entdecken. Verbindungen, aber auch Unterschiede. So lässt sich später besser die besondere Leistung Freuds verstehen.

Erste Annäherungen an das psychisch Unbewusste – »Verdrängung«

Im 19. Jahrhundert kommt es, wenn auch zunächst auf Nebengleisen, zu einer »Umbuchung« (Assmann) des Unbewussten von den philosophischen Disziplinen der Metaphysik, Ästhetik und Ethik zur Psychologie, Medizin und Psychotherapie. Im Rahmen dieser sich über Jahrzehnte hinziehenden Umorientierung spielen die Ideen der »Verdrängung« von triebhaft und affektiv besetzten Vorstellungen, der »Triebunterdrückung« und damit eines *repressiven* Unbewussten eine zunehmend größere Rolle. An diesem Übergang zu einer Psychologie des Verdrängungs-Unbewussten waren vor allem Schopenhauer und Nietzsche, Herbart und Fechner sowie schließlich Freud beteiligt.

Verdrängung und »Wahnsinn« bei Schopenhauer

Dass in Schopenhauers Metaphysik des triebhaft-irrationalen Willens eine neuartige Psychologie des Unbewussten enthalten ist, liegt an seiner Lehre vom »Primat des Willens« und der untergeordneten Stellung des Intellekts. Die darin liegende Pointe bringt er auf die Formel: »Was dem Herzen widerstrebt, läßt der Kopf nicht ein« (1844, S. 244).

Schopenhauer hat aber sogar jene psychische Dynamik der »Verdrängung«, auf der Freud seine zentrale Annahme des Unbewussten gründete, ansatzweise vorweggenommen (vgl. Gödde 1998). In seinem Hauptwerk findet sich eine berühmte Stelle, die zur Erklärung des »Wahnsinns« dient:

> »Die [...] Darstellung der Entstehung des Wahnsinns wird faßlicher werden, wenn man sich erinnert, wie ungern wir an Dinge denken, welche unser Interesse, unseren Stolz oder unsere Wünsche stark verletzen, wie schwer wir uns entschließen, Dergleichen dem eigenen Intellekt zu genauer und ernster Untersuchung vorzulegen, wie leicht wir dagegen unbewußt davon wieder abspringen oder abschleichen [...]. In jenem Widerstreben des Willens, das ihm Widrige in die Beleuchtung des Intellekts kommen zu lassen, liegt die Stelle, an welcher der Wahnsinn auf den Geist einbrechen kann. Jeder widrige neue Vorfall nämlich muß vom Intellekt assimilirt werden, das heißt im System der sich auf unsern Willen und sein Interesse beziehenden Wahrheiten eine Stelle erhalten, was immer Befriedigenderes er auch zu *verdrängen* [Hervorhebung durch die Verfasser] haben mag. Sobald dies geschehn ist, schmerzt er schon viel weniger; aber diese Operation selbst ist oft sehr schmerzlich, geht auch meistens nur langsam und mit Widerstreben von Statten [...].
>
> Erreicht hingegen, in einem einzelnen Fall, das Widerstreben und Sträuben des Willens wider die Aufnahme einer Erkenntniß den Grad, daß jene Operation nicht rein durchgeführt wird; werden demnach dem Intellekt gewisse Vorfälle oder Umstände völlig unterschlagen, weil der Wille ihren Anblick nicht ertragen kann; wird alsdann, des nothwendigen Zusammenhangs wegen, die dadurch entstandene Lücke beliebig ausgefüllt; – so ist der Wahnsinn da [...].

> Der obigen Darstellung zufolge kann man also den Ursprung des Wahnsinns ansehn als ein gewaltsames ›Sich aus dem Sinn schlagen‹ irgend einer Sache, welche jedoch nur möglich ist mittelst des ›Sich in den Kopf setzen‹ irgend einer andern« (1844, S. 473f.).

Wesentlich an dieser Stellungnahme ist, dass Schopenhauer irrationale unbewusste Prozesse, wie sie exemplarisch in der beschriebenen Verdrängung ablaufen, mit betonter Rationalität, einer kognitiven, an Gedächtnisstörungen ansetzenden Theorie und einer dazu passenden ich-nahen Handlungssprache zu erfassen sucht. Der Verdrängungsaspekt verhilft ihm dazu, ein Krankheitsphänomen erklärbar zu machen und zugleich einem gesellschaftlichen Außenseiter Mitgefühl und Verständnis entgegenzubringen. Die Wahnhaften erscheinen ihm »zum Erstaunen vernünftig, und es kommt uns vor, als verstellten sie sich und hätten uns zum Besten, so ganz und gar haben sie den Gebrauch ihrer Vernunft« (1804–1818, S. 156). Krank seien weder ihre Vernunft noch ihr Verstand noch ihre Moralität, sondern allein ihr Gedächtnis. Den Normalen wird eine Identifizierung mit den Ausgegrenzten dadurch ermöglicht, dass »wir Alle oft ein peinigendes Andenken, das uns plötzlich einfällt, wie mechanisch, durch irgend eine laute Äußerung oder eine Bewegung zu verscheuchen, uns selbst davon abzulenken, mit Gewalt uns zu zerstreuen suchen« (1819, S. 249).

Aus diesem Rehabilitierungsversuch ergeben sich auch praktische Konsequenzen: Es bedarf dann keiner Foltermethoden, sei es kalter Sturzbäder, Ekel- oder Schmerzkuren, wie sie der damalige Leiter der »melancholischen Station« an der Charité in Berlin anwendet, um seine Patienten zur Vernunft zu bringen (vgl. Zentner 1995, S. 9ff.).

Die hier beschriebene Verdrängungsdynamik hat Freud selbst als Schopenhauers »Entdeckung« anerkannt: Was bei Schopenhauer »über das Sträuben gegen die Annahme eines peinlichen Stückes der Wirklichkeit gesagt ist, deckt sich so vollkommen mit dem Inhalt meines Verdrängungsbegriffes, daß ich wieder einmal meiner Unbelesenheit für die Ermöglichung verpflichtet sein durfte« (1914, S. 53). Seine eigene

Erkenntnis der Verdrängung sei nicht auf seine Bekanntschaft mit Schopenhauers Lehre zurückzuführen; er habe Schopenhauer sehr spät im Leben gelesen (1925, S. 86).

Besonders deutlich wird die Übereinstimmung mit Schopenhauer, wenn man Freuds ersten Erklärungsversuch des Wahns in der 1894 erschienenen Arbeit *Die Abwehr-Neuropsychosen* einbezieht: Bei der Psychose gebe es eine »weit energischere und erfolgreichere Art der Abwehr« als bei der Neurose. Sie bestehe darin, dass »das Ich die unerträgliche Vorstellung mitsamt ihrem Affekt verwirft und sich so benimmt, als ob die Vorstellung nie an das Ich herangetreten wäre«. In diesem Falle sei man berechtigt zu sagen,

> »daß das Ich durch die Flucht in die Psychose die unerträgliche Vorstellung abgewehrt hat [...]. Das Ich reißt sich von der unerträglichen Vorstellung los, diese hängt aber untrennbar mit einem Stück der Realität zusammen, und indem das Ich diese Leistung vollbringt, hat es sich auch von der Realität ganz oder teilweise losgelöst. Letzteres ist nach meiner Meinung die Bedingung, unter der eigenen Vorstellungen halluzinatorische Lebhaftigkeit zuerkannt wird, und somit befindet sich die Person nach glücklich gelungener Abwehr in halluzinatorischer Verworrenheit« (1894, S. 72f.).

Beim Vergleich der beiden Verdrängungstheorien zeigt sich, dass der Verdrängungsprozess bei Schopenhauer wie bei Freud mit rätselhaften *Gedächtnislücken* beginnt. Wenn der Faden der Erinnerung an einer und dann an immer mehr Stellen reißt, so bedeutet dies für den Einzelnen eine Vermischung des Wahren mit dem Wahnhaften.

Den Grund für diese bedenkliche Lockerung des Realitätsbezugs sieht Schopenhauer in einer psychischen Strategie, die er als »Abspringen« oder »Abschleichen« begreift. Im Rahmen dieser Fluchtbewegung bediene sich der Kranke einer psychischen Aktion, bei der eine peinliche Vorstellung oder Erinnerung mit großem Affektaufwand »dem Intellekt unterschlagen« bzw. »sich aus dem Sinn geschlagen« wird – Formulierungen für das, was Freud später als »Verdrängung«

bezeichnet. Wenn Schopenhauer vom »Widerstreben spricht, das ihm Widrige in die Beleuchtung des Intellekts kommen zu lassen«, so nähert er sich damit dem mit der Verdrängung zusammengehörigen Phänomen des »Widerstandes«. Als Motive der Verdrängung erscheinen bei Schopenhauer – wie bei Freud – die Vermeidung von Leid, Schmerz und Unlust, die Entlastung des Gedächtnisses bzw. des Ichs und die Wiederherstellung des psychischen Gleichgewichts.

Es gibt eine Reihe von Äußerungen Schopenhauers, die über den Spezialfall des »Wahnsinns« hinausreichen und der spezifischen Dynamik der Verdrängung nahekommen. So spricht er von einer Motivkonstellation, bei der der Mensch die Motive seines Tuns oft vor allen anderen verbirgt, bisweilen sogar vor sich selbst. Einen lange Jahre gehegten Wunsch könne man sich mitunter nicht eingestehen, »weil der Intellekt nichts davon erfahren soll: indem die gute Meinung, welche wir von uns selbst haben, dabei zu leiden hätte: wird er aber erfüllt, so erfahren wir an unserer Freude, nicht ohne Beschämung, daß wir dies gewünscht haben«. Ähnlich sei es bei unseren Befürchtungen: »was wir eigentlich fürchten, wissen wir bisweilen nicht; weil uns der Muth fehlt, es uns zum klaren Bewußtseyn zu bringen« (1844, S. 244).

Hinsichtlich des Subjekts der Verdrängung erscheinen Schopenhauers Äußerungen mitunter widersprüchlich. Häufig »spielt der Intellekt auf und der Wille muß dazu tanzen«. Zumeist erscheint aber der Wille als eigentlicher Urheber, da er dem Intellekt »gewisse Vorstellungen verbietet, gewisse Gedankenreihen gar nicht aufkommen läßt«, ihn »zügelt« und zwingt, »sich auf andere Dinge zu richten«, um nicht »in qualvolle, oder unwürdige Erschütterung« versetzt zu werden (ebd., S. 242f.).

Schopenhauers Verdrängungskonzeption hängt mit seiner Grundauffassung zusammen, dass die Erkenntnis im Dienste des Willens steht und dazu dient, die verschiedenartigen Entstellungen der Erkenntnisvorgänge aufzuzeigen. Da sie auch die Aufdeckung dieser Entstellungen mit den Mitteln einer entlarvenden Psychologie angebahnt hat, kann man ihr einen geradezu systematischen Stellenwert in der Philosophie Schopenhauers zuerkennen.

Verdrängung in Nietzsches »entlarvender Psychologie«

Hat Schopenhauer die erkenntnis- und ideologiekritische Perspektive in die Psychologie eingeführt, so macht Friedrich Nietzsche die Aufdeckung und Enthüllung der menschlichen Selbsttäuschungen zu seinem psychologischen Hauptanliegen. Mit seinem Werk *Menschliches, Allzumenschliches* schafft er den Durchbruch zu einer »entlarvenden Psychologie«, die subtile Einblicke in die Dynamik unbewusster Triebkonflikte, Abwehrmechanismen und Sublimierungsprozesse bietet und in vieler Hinsicht als Vorstufe der Psychoanalyse betrachtet werden kann. Dazu verwendet er eine neue Methode: »jene schwierigste und verfänglichste Art des *Rückschlusses*, in der die meisten Fehler gemacht werden – des Rückschlusses vom Werk auf den Urheber, von der That auf den Thäter, vom Ideal auf *Den*, der es *nöthig* hat, von jeder Denk- und Werthungsweise auf das dahinter kommandirende *Bedürfniss*« (1882, S. 621; 1888, S. 426).

Nietzsche sieht sich als »Arzt der Kultur«, dem das Ziel einer »höheren Gesundheit« für den einzelnen Menschen und die Kultur im Gesamten vorschwebt. Eine Annäherung an dieses Ziel setze voraus, dass der Mensch eine gewisse Ordnung in das durch die Triebe hervorgerufene Chaos bringe, ohne jedoch die Energie und Leidenschaft seiner Triebimpulse zu schwächen oder gar zu unterdrücken. »Krankheit« im Sinne neurotischer und psychosomatischer Störungen sei darauf zurückzuführen, dass wesentliche Triebbedürfnisse weder befriedigt noch sublimiert, sondern bekämpft, unterdrückt und letztlich »gezähmt« werden.

Hinsichtlich der Triebunterdrückung unterscheidet Nietzsche sechs verschiedene Methoden, die alle dem Zweck dienen, das Selbstbewusstsein der Menschen zu schwächen, um sie möglichst gut beherrschen zu können:

> »[1] den Anlässen ausweichen, [2] Regel in den Trieb einpflanzen, [3] Übersättigung und Ekel an ihm erzeugen, und [4] die Association eines quälenden Gedankens (wie den der Schande, der bösen Folgen oder des beleidigten Stolzes) zu Stande zu bringen, [5] sodann die Dislocation der Kräfte und [6] endlich die allgemeine Schwächung und Erschöpfung, – das sind die sechs Methoden: *dass* man aber überhaupt die Heftigkeit eines Triebes bekämpfen *will*, steht nicht in unserer Macht, ebenso wenig, auf welche Methode man verfällt, ebenso wenig, ob man mit dieser Methode Erfolg hat. Vielmehr ist unser Intellect bei diesem ganzen Vorgange ersichtlich nur das blinde Werkzeug eines *anderen Triebes*, welcher ein *Rival* dessen ist, der uns durch seine Heftigkeit quält: sei es der Trieb nach Ruhe oder die Furcht vor Schande und anderen bösen Folgen oder die Liebe« (1881, S. 98).

Worauf beziehen sich Nietzsches psychologische Entlarvungsversuche? Auf die individuelle Psyche bezogen, will er vornehmlich Fehleinschätzungen moralischer Qualitäten und intellektuelle Täuschungsmanöver aufdecken. Mag es ein Unterschied sein, ob man die eigene Person in illusionärer Weise vergrößert oder vor der Erkenntnis bestimmter Unzulänglichkeiten zurückschreckt, für Nietzsche handelt es sich im Wesentlichen um dasselbe: um Selbstbetrug oder Selbstverblendung. Solche »unbewussten Lügen« sind nach psychoanalytischer Terminologie Verdrängungen oder allgemeiner gesagt: Abwehrmechanismen. Nietzsche führt sie auf Motive wie Eitelkeit, Ehrgeiz, Scham und Angst zurück.

Wie Freud selbst hervorgehoben hat, habe keiner das Phänomen der Verdrängung und seine psychologische Begründung

> »so erschöpfend und zugleich so eindrucksvoll darstellen können wie Nietzsche in einem seiner Aphorismen (*Jenseits von Gut und Böse*, II. Hauptstück, 68): ›Das habe ich getan, sagt mein Gedächtnis. Das kann ich nicht getan haben, sagt mein Stolz und bleibt unerbittlich. Endlich – gibt das Gedächtnis nach‹« (1901, S. 162, Anm. 2).

Im Spätwerk mündet Nietzsches zunehmendes Interesse an Physiologie, Krankheit und Gesundheit in eine »Physio-Psychologie« ein. Er spricht auch von einer »Morphologie und *Entwicklungslehre des Willens zur Macht*«, um zu zeigen, dass die psychische Entwicklung wesentlich von der Konfliktdynamik einander entgegengerichteter Triebe und Affekte bestimmt wird. Ein Physio-Psychologe seiner Art habe »mit unbewussten Widerständen im Herzen« zu kämpfen und einen »eignen Rest Moralität« zu überwinden (1886, S. 38).

Zu den Hauptaspekten von Nietzsches Psychologie gehören die Leitvorstellung eines triebhaft-vitalen Unbewussten, ein damit eng verbundenes Konflikt-Abwehr-Modell, die Dynamik der Affektunterdrückung, die »Verinnerlichung« als Ursprung hypertropher Schuldgefühle und die pathogene Wirkung asketischer Ideale. Bei einem Vergleich der Psychologien Nietzsches und Freuds kann man eine gemeinsame *Grundstruktur* erkennen (vgl. Gödde 1996). Darüber darf allerdings nicht verkannt werden, dass beide Theoriekomplexe für sich stehen und auch »viele diametrale Elemente« erkennen lassen (Gasser 1997, S. 707).

Verdrängung in der Herbartianischen Psychologie

Im 19. Jahrhundert gibt es neben der Philosophie des triebhaft-irrationalen Willens und der aus ihr hervorgehenden Entlarvungspsychologie noch eine andere Richtung, die sich der Verdrängungsthematik (und damit dem Unbewussten) annähert: die Herbartianische Psychologie. Ihr Gründervater Johann Friedrich Herbart verfolgte das Ziel, eine wissenschaftliche Psychologie aus »realistischer Metaphysik« zu begründen, ohne allerdings den Rahmen der Bewusstseinspsychologie zu überschreiten. Seine Vorstellungs- und Assoziationspsychologie dient ausschließlich der Erforschung der im Bewusstsein gegebenen Tatsachen.

Demgegenüber versucht sein Nachfolger Gustav Theodor Fechner einen wissenschaftlichen Zugang zu den unbewussten psychischen Vorgängen herzustellen. Er wendet sich der empirischen Erforschung der »unbewußten Empfindungen«

zu, die jenseits der »psychophysischen Schwelle« liegen. Solange Reize unter der psychophysischen Schwelle blieben, seien die Empfindungen derselben unbewusst, aber nichtsdestoweniger wirksam. Der Begriff der psychophysischen Schwelle habe einen zentralen Stellenwert, weil er:

> »für den Begriff des Unbewußtseins überhaupt ein festes Fundament gibt. Die Psychologie kann von unbewußten Empfindungen, Vorstellungen nicht abstrahieren [...]. Empfindungen, Vorstellungen haben freilich im Zustand des Unbewußtseins aufgehört, als wirkliche zu existieren, sofern man sie abstrakt von ihrer Unterlage faßt, aber es geht etwas in uns fort, die psychophysische Tätigkeit, deren Funktion sie sind, und woran die Möglichkeit des Wiedereintritts der Empfindung hängt« (Fechner 1860, S. 438f.).

Um die Inhalte der Erfahrung zu bestimmen, die im Bewusstsein gegeben sind, benutzt die Herbartianische Psychologie die *Vorstellung* als zentralen Begriff. Vorstellungen werden als einzelne Elemente des psychischen Lebens verstanden, die verschiedenen Schicksalen unterworfen sein können. Vorstellungen seien ständig in Bewegung. Sie können sich anziehen und abstoßen, unter die »Schwelle des Bewusstseins« sinken oder wieder ins Bewusstsein aufsteigen. Erst dadurch, dass sie in »Widerstand« geraten, das heißt in ein Verhältnis von Druck und Gegendruck, werden sie zu Kräften im dynamischen Sinne, die mit bestimmten – prinzipiell messbaren – Quantitäten auftreten.

Im Anschluss an Leibniz und Kant unterscheidet Herbart zwischen *klaren*, das heißt oberhalb der Bewusstseinsschwelle liegenden, und *dunklen* Vorstellungen, deren »Klarheitsgrad« teilweise herabgesetzt (»gehemmt«) oder vollständig verloren gegangen ist (»verdunkelt«). Er spricht ausdrücklich davon, dass die schwächeren von den stärkeren Vorstellungen unter die Bewusstseinsschwelle »verdrängt« werden können.

Der Begriff »Bewusstseinsschwelle« ist bei Herbart ein mathematisch berechenbarer Faktor im Rahmen seiner realistischen Psychologie. Hierbei differenziert er zwischen einer »statischen« Schwelle, bei der eine Vorstellung zwar nicht mehr im Bewusstsein ist, aber sozusagen ohne größere Widerstände wieder ins Bewusstsein aufsteigen kann, und einer »mechanischen« Schwelle, bei der eine Vorstellung zwar eine Zeitlang ganz aus dem Bewusstsein verdrängt wird, aber mit ganzer Kraft darauf hinarbeitet, wieder ins Bewusstsein zurückzukehren oder wenigstens einen indirekten Einfluss auf das Bewusstsein auszuüben. So hat Herbart eine Lehre von der »Statik und Mechanik der Vorstellungen« entwickelt, die sich mit den Klarheits- und Intensitätsveränderungen während des Vorstellungsverlaufes befasst (vgl. Herbart 1834, S. 9f.).

Angesichts der unter die »mechanische Schwelle« verdrängten Vorstellungen stellt sich die weiterführende Frage nach der psychischen Realität des Verborgenen, aber dennoch psychisch Wirksamen. Diese Frage wird von Herbart und seinen Nachfolgern, auch wenn sie ihrem Selbstverständnis nach Bewusstseinspsychologen waren, des Öfteren berührt. Da die klaren Vorstellungen nur Inseln im Ozean der verdunkelten Vorstellungen seien, sei es erstrebenswert, die Dynamik der verdunkelten Vorstellungen und ihrer Reproduzierbarkeit zu erklären. In der Nachfolge Herbarts waren es vor allem Gustav Theodor Fechner und Theodor Lipps, die sich dieser Aufgabe widmeten.

Obwohl Fechner in der Herbart-Tradition aufgewachsen ist, grenzte er sich bei verschiedenen Gelegenheiten kritisch von Herbart ab. Man müsse sich streng an das Gegebene halten und dürfe nicht von unhinterfragten metaphysischen Voraussetzungen ausgehen. Dazu rechnet Fechner die Annahme eines substanziellen Trägers der psychischen Erscheinungen, die Herbart als »Monade« oder »einfaches reales Wesen« bestimmt hatte (vgl. Heidelberger 1993, S. 45f.). Wenn man mit Metaphysik anfange, habe dies zur Folge, dass »man die Wissenschaft dem Leben entfremdet« (Fechner 1853, S. 70).

Bereits in den letzten beiden Gymnasialjahren hat Freud an einem »Philosophischen Propädeutikum« in den beiden Fächern Logik und Psychologie teilgenommen, dem zwei Lehrbücher des Herbartianers Gustav Adolf Lindner zugrunde lagen. In Lindners *Lehrbuch der empirischen Psychologie als inductiver Wissenschaft* wird jene bereits bei Herbart angesprochene Dynamik von Vorstellungen behandelt, wonach konkurrierende Vorstellungen unter die Bewusstseinsschwelle verdrängt werden und nur dann ins Bewusstsein zurückkehren können, wenn sie den Widerstand ihrer Konkurrenten überwinden.

Da Herbarts Ausführungen zur Verdrängung allerdings im Kontext einer rationalistischen Bewusstseinspsychologie entstanden sind, benutzte Freud sie gleichsam nur als Steigbügel, um seine eigenen Beobachtungen aus der Neurosentherapie und Traumdeutung in erste theoretische Formulierungen umzusetzen. Seine innovative Leistung besteht darin, das Verdrängungs-Widerstands-Theorem in seiner klinischen Theorie und Praxis mit Leben gefüllt und damit in die Nähe zu den »Entfremdungstheorien« gebracht zu haben (vgl. Marquard 1987, S. 229; Gödde 1999, S. 172ff.).

Als Freud 1898 mit den Vorarbeiten für das letzte Kapitel der *Traumdeutung* begann, in dem er das Unbewusste als Schlüsselbegriff seiner Lehre einführte, orientierte er sich auch und gerade an Gustav Theodor Fechner:

> »Der große G. Th. Fechner spricht in seiner ›Psychophysik‹ (II. Teil, S. 520) im Zusammenhange einiger Erörterungen, die er dem Traume widmet, die Vermutung aus, daß der Schauplatz der Träume ein anderer sei als der des wachen Vorstellungslebens. Keine andere Annahme gestatte es, die besonderen Eigentümlichkeiten des Traumlebens zu begreifen« (1900, S. 541).

Man kann sich fragen, warum sich Freud auch in der Folgezeit mehrfach auf Fechner berief. So schreibt er in seiner *Selbstdarstellung*: »Ich war immer für die Ideen G. Th. Fechners zugänglich und habe mich in wichtigen Punkten an diesen Denker angelehnt« (1925, S. 86). Im Unterschied zu Herbart vertrat Fechner einen radikalen Empirismus, der Schlüsse nur auf der Grundlage der Erfahrung zuließ. Daher verkörperte er in Freuds Augen das neue empirische Paradigma in der Psychologie des 19. Jahrhunderts. Gerade die von Fechner verkörperte Zwischenstellung zwischen einer Hinwendung zum Irrationalen und einer streng empirisch-rationalen Methodologie scheint für Freud anziehend gewesen zu sein (vgl. Wegener 2005a; Heidelberger 2010).

Die Kontroverse zwischen Bewusstseinspsychologie und Psychoanalyse

Im Gegensatz zur Romantik und Lebensphilosophie, die sich in ihren Psychologien weithin noch spekulativer Methoden bedienten, stand die Psychologie in ihrer wissenschaftlichen Gründungsphase ganz im Zeichen des Strebens nach empirisch abgesicherten Erkenntnissen. Als »klassische Bewusstseinspsychologie« hat sie von etwa 1850 bis 1900 das psychologische Denken und Forschen beherrscht.

Als Gründervater der wissenschaftlichen Psychologie gilt Wilhelm Wundt. »Wissenschaftliche« Psychologie hieß für ihn, die Methoden der Naturwissenschaften – das Experiment und die Statistik – auf die Fragestellungen der Psychologie anzuwenden. Der Gegenstand der Psychologie sei selbst als ein »Naturphänomen« aufzufassen, die »Seelenlehre (also) als Naturwissenschaft« (vgl. Bruder 1991, S. 326ff.).

Im Jahre 1862 hatte Wundt noch geschrieben: »Was ins Bewußtsein kommt, ist nur die fertige Arbeit [...], der Schauplatz der wichtigsten Seelenvorgänge [liegt] in der unbewußten Seele.« Aber dann ging es für ihn immer ausschließlicher um die »Strukturen des Bewußtseins«. Damit die Psychologie gegenüber der damals übermächtig erscheinenden Physiologie nicht zur bloßen Hilfswissenschaft degradiert werde, grenzte Wundt den Gegenstand der Psychologie auf »die via Introspektion erfaßbaren Bewußtseinsgegebenheiten« ein. Die Sinnesempfindungen und sensuellen Vorstellungen fungierten als Hauptinhalte des Bewusstseins und die Sinneserfahrung wurde die bevorzugte Erkenntnisquelle (vgl. Pongratz 1984, S. 86 und 101).

Ein weiterer wichtiger Vertreter der Bewusstseinspsychologie war der Philosoph Franz Brentano, bei dem Sigmund Freud von 1874 bis 1876 – und genau zehn Jahre später Edmund Husserl von 1884 bis 1886 – vier Semester lang Philosophie studiert haben. Auf Brentano geht die Einsicht zurück, dass die meisten Bewusstseinszustände nicht nur einen qualitativen Erlebnisgehalt haben, sondern auch *intentional* strukturiert sind:

> Jedes seelische Phänomen »enthält etwas als Objekt in sich, obwohl nicht jedes in gleicher Weise. In der Vorstellung ist etwas vorgestellt, in dem Urteil ist etwas anerkannt oder verworfen, in der Liebe geliebt, in dem Hasse gehaßt, in dem Begehren begehrt usw.« Demnach gehören zum Psychischen im Unterschied vom Physischen alle Phänomene, die »intentional einen Gegenstand in sich enthalten« (Brentano 1874, S. 125).

Eine weitere Gemeinsamkeit der psychischen Phänomene sei, dass sie »nur im inneren Bewußtsein wahrgenommen werden, während bei den physischen nur äußere Wahrnehmung möglich ist« (ebd., S. 128). Die *innere Wahrnehmung* sei »nichts anderes als die Konstatierung eines eigenen gegenwärtigen psychischen Phänomens, wir erleben sie fortwährend an uns selbst«. Die Urteile der inneren Wahrnehmung hätten deshalb jene »unmittelbare untrügliche Evidenz«, die sonst keiner anderen Erkenntnis zukomme (ebd., S. 177).

Die Frage, ob es neben den bewussten auch »unbewußte psychische Akte« geben könne, verneinte Brentano mit großer Entschiedenheit (ebd., S. 143). Unbewusste Vorgänge könnten nur physiologische, nicht aber psychologische sein. Wenn man von einer im Bewusstsein gegebenen Tatsache auf die Wirkung unbewusster psychischer Phänomene schließen wolle, so müsse als Erstes die Tatsache selbst hinreichend gesichert sein. Zudem sei es nötig, »die Gesetze jener angeblichen unbewußten Phänomene darzulegen und durch die einheitliche Erklärung einer Fülle von Erfahrungstatsachen, die sonst unerklärt blieben, und durch die Voraussagung anderer, die sonst niemand erwarten würde, zu bewähren« (ebd., S. 148 und 151). Beide Voraussetzungen sah Brentano als nicht erfüllt an.

Neben Wundt und Brentano gehörte Theodor Lipps zu den bedeutendsten Vertretern der damaligen akademischen

Psychologie. Im Unterschied zur eher rationalistischen Bewusstseinspsychologie Brentanos war er zu einer dreifachen Stufung im psychischen Bereich gelangt: der Bewusstseinssphäre, die als lückenhaft aufgefasst wird, dem psychisch Unbewussten und dem physiologischen Bereich. Die von ihm hoch bewertete Introspektion erfasse nur den ersten Bereich des Bewusstseins mit seinen Vorstellungen, die von Kräften, Strebungen und Interessen begleitet seien (vgl. Lipps 1883, Kap. VII und VIII).

Auf dem 3. Internationalen Congress für Psychologie (vom 4. bis 7. August 1896) hielt er einen programmatischen Vortrag zum Thema »Der Begriff des Unbewussten in der Psychologie«, in dem er die These vertrat, dass die Frage des Unbewussten »weniger eine psychologische Frage als die Frage der Psychologie« sei (Lipps 1897, S. 146).

Auf Lipps bezog sich Freud häufig und stets mit großer Wertschätzung. Bei einer ersten brieflichen Erwähnung im Jahre 1898 bezeichnete Freud ihn als »klarsten Kopf unter den heutigen philosophischen Schriftstellern« (1986, S. 354). Durch dessen Buch *Grundtatsachen des Seelenlebens* fühle er sich in seiner »keimenden Metapsychologie« des Unbewussten bestärkt:

> »Bei Lipps habe ich die Grundzüge meiner Einsicht ganz klar wiedergefunden. Das Bewußtsein nur Sinnesorgan, aller psychischer Inhalt nur Vorstellung, die seelischen Vorgänge sämtlich unbewußt. Auch in den Einzelheiten ist die Übereinstimmung groß, vielleicht kommt später die Gabelung, von der aus mein Neues ansetzen kann« (1986, S. 356).

Als Freud das Unbewusste in der *Traumdeutung* als wissenschaftlichen Grundbegriff einführte, bezog er sich ausdrücklich auf Lipps:

> »Die Frage des Unbewußten in der Psychologie ist nach dem kräftigen Worte von Lipps weniger eine psychologische Frage als *die* Frage der Psychologie. Solange die Psychologie diese Frage durch die Worterklärung erledigte, das ›Psychische‹ sei eben das ›Bewußte‹, und ›unbewußte

> psychische Vorgänge‹ ein greifbarer Widersinn, blieb eine psychologische Verwertung der Beobachtungen, welche ein Arzt an abnormen Seelenzuständen gewinnen konnte, ausgeschlossen« (1900, S. 616).

Und weiter heißt es:

> »Das Unbewußte muss nach dem Ausdrucke von Lipps als allgemeine Basis des psychischen Lebens angenommen werden. [...] Das Unbewußte ist das eigentlich reale Psychische, *uns nach seiner inneren Natur so unbekannt wie das Reale der Außenwelt, und uns durch die Daten des Bewußtseins ebenso unvollständig gegeben wie die Außenwelt durch die Angaben unserer Sinnesorgane*« (ebd., S. 617f.).

In dem Buch *Der Witz und seine Beziehung zum Unbewußten* findet man sogar eine ganze Fülle von Bezugnahmen auf Lipps (vgl. 1905, S. 184). Noch in zwei seiner letzten Arbeiten erinnert Freud daran, dass es erst nach der Erweiterung des Psychischen um das Unbewusste möglich gewesen sei, »eine umfassende und zusammenhängende Theorie des seelischen Lebens zu schaffen« (1940b, S. 146). Diese Neuerung sei nicht der Psychoanalyse zuzuschreiben: »Ein deutscher Philosoph, Theodor Lipps, hat mit aller Schärfe verkündet, das Psychische sei an sich unbewusst, das Unbewusste sei das eigentlich Psychische« (ebd., S. 147).

Theodor Lipps erscheint demnach als der Erste, der den Begriff des Unbewussten im wissenschaftlichen Sinne zu »verwenden« wusste. Die Psychoanalyse habe sich dann »dieses Begriffs bemächtigt, ihn ernst genommen, ihn mit neuem Leben erfüllt« (ebd.).

Freuds Konzeptualisierung eines Verdrängungs- und Triebunbewussten

In welchen Phänomenen offenbart sich das Wirken unbewusster Kräfte für Sigmund Freud? Beginnen möchten wir mit einigen Beispielen.

> »Man wird sich wohl noch der Art, wie vor einiger Zeit der Präsident [des österreichischen Abgeordnetenhauses] die Sitzung *eröffnete*: ›Hohes Haus! Ich konstatiere die Anwesenheit von soundsovielen Herren und erkläre somit die Sitzung für *geschlossen*.‹ Die allgemeine Heiterkeit machte ihn erst aufmerksam und er verbesserte den Fehler. Im vorliegenden Fall wird die Erklärung wohl diese sein, daß der Präsident sich *wünschte*, er wäre schon in der Lage, die Sitzung, von der wenig Gutes zu erwarten stand, zu schließen, aber – eine häufige Erscheinung – der Nebengedanke setzte sich wenigstens teilweise durch und das Resultat war ›geschlossen‹ für ›eröffnet‹, also das Gegenteil dessen, was zu sprechen beabsichtigt war« (1901, S. 67).

Bei der Lektüre solcher Fehlleistungen in Freuds *Psychopathologie des Alltagslebens* amüsiert man sich köstlich, was da etwa alles zum »Vorschwein« kommt, wenn man von Vorgängen erzählt, die man im eigenen Inneren für »Schweinereien« hält. Beinahe jeder solche Versprecher enthält einen »Selbstverrat«, der sich bei genauerer Betrachtung als wohl motiviert und durch dem Bewusstsein unbekannte Motive determiniert erweist.

Zur Veranschaulichung noch ein anderes Beispiel einer Fehlleistung:

> »Ein Vater, der keinerlei patriotisches Gefühl besitzt und auch seine Kinder von diesem ihm überflüssig erscheinenden Empfinden frei erziehen will, tadelt seine Söhne wegen ihrer Teilnahme an einer patriotischen Kundgebung und weist ihre Berufung auf das gleiche Verhalten des Onkels mit den Worten zurück: ›Gerade dem sollt ihr nicht nacheifern; der ist ja ein *Idiot*.‹ Das über diesen ungewohnten Ton des Vaters erstaunte Gesicht der Kinder macht ihn aufmerksam, daß er sich versprochen habe, und entschuldigend bemerkt er: ›Ich wollte natürlich sagen: *Patriot*.‹« (ebd., S. 100)

Eine als hysterisch diagnostizierte Patientin Freuds litt seit zwei Jahren an körperlichen Symptomen: Sie hatte Schmerzen in den Beinen und litt an Beschwerden beim Gehen (Abasie). Wie sich in der Therapie herausstellte, war sie, ohne es sich einzugestehen, in den Mann ihrer Schwester verliebt. Zu mehr als Spaziergängen und vertraulichen Gesprächen war es nicht gekommen. Plötzlich starb die Schwester. Als die Patientin am Totenbett der Schwester stand, durchfuhr sie »wie ein greller Blitz« der Gedanke: »Jetzt ist er wieder frei und ich kann seine Frau werden.« Dieser für sie verwerfliche Gedanke wurde sofort verdrängt. Für das moralisch erzogene Mädchen war ein solcher Wunsch unmöglich. Das Verdrängte erwies sich als ein Herd ihres neurotischen Leidens. Freud betrachtete den Fall als »Konversion«: als Umwandlung verdrängter erotischer Vorstellungen ins Körperliche. Er wies aber darauf hin, dass die Patientin mit ihren Symptomen noch etwas anderes in symbolischer Form zum Ausdruck brachte:

> »Wenn die Kranke die Erzählung einer ganzen Reihe von Begebenheiten mit der Klage schloß, sie habe dabei ihr ›*Alleinstehen*‹ schmerzlich empfunden, bei einer anderen Reihe, welche ihre verunglückten Versuche zur Herstellung eines neuen Familienlebens umschloß, nicht müde wurde zu wiederholen, das Schmerzliche daran sei das Gefühl ihrer *Hilflosigkeit* gewesen, die Empfindung, sie ›*komme nicht von der Stelle*‹, so mußte ich auch ihren Reflexionen einen Einfluß auf die Ausbildung der Abasie einräumen, mußte ich annehmen, daß sie direkt einen *symbolischen* Ausdruck für ihre schmerzlich betonten Gedanken gesucht und ihn in der Verstärkung ihres Leidens gefunden hatte« (1895, S. 217).

Als sich Freud bei seinen psychotherapeutischen Bemühungen der Traumdeutung zuwandte, ging er davon aus, dass die Träume wie die neurotischen Symptome Äußerungsformen des Unbewussten seien. Obwohl sie als ein unzusammenhängendes und verwirrendes Bilderrätsel erscheinen, das kaum noch als Produkt des Träumers zu erkennen ist und »eine höchst auffällige Analogie zu den wildesten Erzeugnissen des Wahnsinns bietet« (1912, S. 437), müssten auch sie einen Sinn haben, der durch Analyse einsichtig gemacht werden könne.

Diese Beispiele führen uns eine bestimmte Sicht vor Augen: Fehlleistungen, Symptome und Träume werden in der Psychoanalyse als »Manifestationen des Unbewussten« betrachtet, als eine Art Geheimsprache, in der verbotene und tabuisierte Inhalte andeutungsweise und verschlüsselt weitergegeben werden. Um diese Phänomene einer Deutung zugänglich machen zu können, hat Freud ihnen von vornherein einen *Sinn* unterstellt, wobei er unter Sinn »Bedeutung, Absicht, Tendenz und Stellung in einer Reihe psychischer Zusammenhänge« versteht (1916–17, S. 55). Einen Traum deuten heißt für ihn, seinen »Sinn« angeben – im Kontrast zu jenen Traumtheorien, für die der Traum »überhaupt kein seelischer Akt, sondern ein somatischer Vorgang« ist (ebd., S. 100).

Das Sinnkriterium hat Freud im Weiteren für alle psychischen Phänomene postuliert und in systematisierender Form auf die Fehlleistungen, die Träume und die Symptome bezogen. Dem »Sinn der Symptome« widmete er eine ganze Vorlesung (XVII), wobei er an Beispielen einer Symptomhandlung, einer Wahnidee und anhand von Zwangssymptomen nachzuweisen suchte, dass sie sinnvoll und gut motiviert sind und sich in den Zusammenhang eines affektvollen Erlebnisses des Patienten einreihen lassen.

Freuds Einschätzung ist keineswegs unumstritten geblieben. Man kann einwenden, er habe mit einem Sinnkriterium operiert, bei dem die Gefahr bestehe, dass es letztendlich in eine fragwürdige »Alles-ist-sinnvoll-Position« einmündet und »zur Erklärung alles Unverständlichen, Absurden, Krankhaften, alles Misslingens« herangezogen werden kann (vgl. Spence 1982; Mertens/Haubl 1996, S. 65). Das Wort »unbewusst« kann dann leicht zum Zauberwort werden, das gar nichts mehr erklärt.

Wir werden auf dieses Sinnkriterium weiter unten nochmals zurückkommen.

Der Stellenwert von Freuds Traumdeutung

Wie die Briefe an den Berliner Freund Wilhelm Fließ zeigen, setzte bei Freud ab Herbst 1897 eine immer dichter werdende

»Traumarbeit« ein, die in eine immer stärkere Konfrontation mit dem eigenen Unbewussten einmündete. Die neuen Ideen, die in der *Traumdeutung* enthalten sind, standen in engem Zusammenhang mit dem Erfahrungsmaterial, das Freud aus den eigenen Träumen gewonnen hatte. Wesentlich war auch, dass er eine eigenständige Methode zur Analyse des Traummaterials entwickelte. Er ließ den Träumer zu den einzelnen Elementen des Traumes frei assoziieren, um die ganz individuelle Bedeutung des jeweiligen Traummotivs erfassen zu können.

Diese Vorgehensweise beruhte auf der Annahme, dass die frei auftauchenden Einfälle von affektmächtigen Gedanken- und Interessenkreisen (»unbewussten Komplexen«) abhängig sind. Das Ziel war, die »latenten« Traumgedanken, ein viel umfänglicheres und differenzierteres Gedankengewebe als der manifeste Trauminhalt selbst, aufzudecken und dadurch die eigentliche Triebkraft des Traumes zu erkennen.

Der erste mittels der Assoziationsmethode gedeutete Traum war der von »Irmas Injektion« (1900, S. 110ff.), den Freud in der Nacht vom 23. auf den 24. Juli 1895 träumte. Anhand dieses Traums und der dazugehörigen Assoziationen wird deutlich, dass er sich zunächst von dem Vorwurf seines Freundes Otto, er sei an dem immer noch vorhandenen Leiden seiner Patientin Irma schuld, befreien will. Deshalb sucht er die Schuld auf seinen Kritiker abzuwälzen und sich dadurch an ihm zu rächen: »Ich bin nicht schuld, sondern Otto.« Da Freud den Vorwurf seines Freundes erlebt hatte, als ob er seine ärztlichen Pflichten generell nicht ernst genug genommen habe, enthält der Traum Erinnerungsspuren an eine ganze Reihe von Situationen, in denen er sich vorwirft, möglicherweise nicht gewissenhaft genug vorgegangen zu sein. Dies deutet auf seinen intensiven Wunsch hin, sich Entlastung von Schuldgefühlen zu verschaffen.

Darüber hinaus geht es im Irma-Traum um die Wahrheit der – damals noch in den Anfängen stehenden – Psychoanalyse, speziell um das für Freud virulente Problem der sexuellen Ätiologie der Neurosen, dem sein langjähriger Mentor Josef Breuer (Dr. M. im Traum) kritisch gegenübersteht, während

Wilhelm Fließ ihm in dieser Frage Rückendeckung gibt. Anhand dieses »Traummusters« glaubte Freud den Nachweis erbracht zu haben, dass die (entstellte) Erfüllung *(infantiler) Wünsche* der Sinn eines jeden Traumes sei, dass es somit auch keine anderen als Wunschträume geben könne.

An einem zweiten Traummuster – dem »Onkel-Traum« (1900, S. 142ff.) – zeigte Freud, dass der manifeste Traum, in dem er ein großes Zärtlichkeitsgefühl für seinen Rivalen R. empfindet, eine *Entstellung* der latenten Traumgedanken enthält, in dem R. als »Schwachkopf« dargestellt wird. Diese Entstellung sei ein Mittel der Verstellung: »Meine Traumgedanken enthalten eine Schmähung für R.; damit ich diese nicht merke, gelangt in den Traum das Gegenteil, ein zärtliches Empfinden für ihn.« Die Traumentstellung wird auf die Wirksamkeit einer »Zensur« zurückgeführt, die das Bewusstwerden bestimmter Wünsche verbiete und deren Manifestation nur in verhüllter Form zulasse. Aufgrund dieses Konflikts zwischen Wunsch und Zensur erweise sich der Traum als »die (verkleidete) Erfüllung eines (unterdrückten, verdrängten) Wunsches« (1900, S. 166).

Der *Traumdeutung* hat Freud das Motto vorangestellt: »Flectere si nequeo superos, Acheronta movebo« – Wenn ich die höheren Mächte nicht beugen kann, werde ich die Unterwelt aufrühren. Dieses Motto sollte, wie er 1927 in einem Brief an Werner Achelis erläutert, »bloß ein Hauptstück aus der Dynamik des Traumes hervorheben. Die Wunschregung, die von den oberen seelischen Instanzen zurückgewiesen wird (der verdrängte Traumwunsch), setzt die seelische Unterwelt (das Unbewußte) in Bewegung, um sich zur Geltung zu bringen« (1960, S. 390). Dennoch hat man dieses metaphorisch ausgedrückte Macht- und Unterdrückungsverhältnis immer wieder als subversive Botschaft, als Parteinahme für das unterdrückte unbewusste Leben gelesen. Mit dem psychologischen Modell der Unterdrückung habe Freud »nicht nur – traumtheoretisch – falsches Bewußtsein, sondern zugleich – neurosentheoretisch – herrschende Normalität« kritisiert (Schott 1979, S. 74).

Zwar gab Freud an, das Motto stamme von Vergil, dem Führer durch die Kreise der Hölle in Dantes *Göttlicher Komödie*. Das stimmt auch. Aber in jenem Brief an Werner Achelis bekennt sich Freud auch dazu, das Motto einem Buch des sozialdemokratischen Arbeiterführers Ferdinand Lassalle entnommen zu haben. Die »unteren« Kräfte sind somit auch die gesellschaftlich niederen Schichten; Freud gibt sich als Revolutionär – und verkleidet das zugleich so, wie er es dann in der *Traumdeutung* analysiert. In jedem Fall denkt er: vertikal.

Mithilfe dieses psychologischen Konfliktmodells lässt sich für Freud jeder Traum – wie jede psychische Störung – in die Dialektik von Wunscherfüllung und Traumentstellung einordnen. In ähnlicher Lage befinde sich ein politischer Schriftsteller angesichts der staatlichen Zensur; womit er wiederum – wie häufig – einen Vergleich aus der sozialen Welt heranzieht. Er sehe sich genötigt, den Ausdruck seiner Meinung zu mäßigen, in Anspielungen zu reden oder eine anstößige Mitteilung hinter einer harmlos erscheinenden Verkleidung zu verbergen.

Diese Analogie deutet auf ein Unterdrückungsverhältnis im Traum hin: »Der Wunsch hat die Zensur in sich aufgenommen, gleichsam verinnerlicht und arbeitet in unterdrückter Form, die eine *Selbstunterdrückung* darstellt« (Schott 1979, S. 55). Dementsprechend formuliert Freud im metapsychologischen Schlusskapitel: »Das seelisch Unterdrückte, welches im Wachleben [...] am Ausdruck gehindert und von der inneren Wahrnehmung abgeschnitten wurde, findet im Nachtleben und unter der Herrschaft der Kompromißbildungen Mittel und Wege, sich dem Bewußtsein aufzudrängen« (1900, S. 613).

Die Annahme, dass sich die im Traum abgewehrten Wünsche in einen sinnhaften Bedeutungshorizont eingliedern lassen, war und blieb eine wichtige Deutungsperspektive. Freuds Verallgemeinerung, dass *jeder* Traum aus einer unbewussten Wunscherfüllung erklärt werden könne, erschien jedoch bald als fragwürdig. Denn was ist mit Angstträumen, beispielsweise? Unerfüllte infantile Wünsche können an der Traumbildung mitwirken, aber auch hier ist die Verallgemeinerung, dass es sich *jedes Mal* um die Aufspürung infantiler Wünsche handelt, zweifelhaft. Auf der Suche nach einer immerzu wirkenden Wunschbefriedigung gerät man in Gefahr, das individuelle Erleben des jeweiligen Patienten zu verfehlen.

Heutige Autoren neigen deshalb auch eher der Ansicht zu, dass beim Träumen Inhalte des Langzeitgedächtnisses nach geeigneten Lösungsstrategien für die aktuelle Konfliktdynamik des Träumers abgesucht werden. Es bietet sich an, Vergleiche zwischen Freuds *Traumdeutung* und der neueren Traumpsychologie zu ziehen (vgl. Mertens 1999).

Von der Verdrängung zum dynamischen Unbewussten

Wenn Freud die »Entdeckung des Unbewussten« zugeschrieben wird, dann sind damit zunächst und in erster Linie seine klinischen Erfahrungen und Erkenntnisse aus der Neurosentherapie und Traumdeutung gemeint. Erkenntnisleitend war für ihn die Annahme, dass im Falle psychischer Konflikte besonders peinliche und unlustbetonte Vorstellungen verdrängt werden, ohne deshalb ihre Wirksamkeit einzubüßen. Den tieferen Grund für die *Verdrängung* sah Freud in einer mehr oder weniger systematischen Unehrlichkeit sich selbst gegenüber. Er begriff, dass die Aufdeckung von Verdrängungen, also das Mittel der Wahrheitsfindung befreiend und heilend wirke. Wie er später bemerkte, sei er vor allem durch »das Studium der pathogenen Verdrängungen […] gezwungen [gewesen], den Begriff des ›Unbewussten‹ ernst zu nehmen« (1925, S. 56).

Um an einem Fallbeispiel Freuds zu erläutern, welche Wirkung die Verdrängung entfalten kann, sei kurz auf den Fall Lucy R. eingegangen. Ihr Hauptsymptom sind quälende subjektive Geruchsempfindungen, die sie ständig verfolgen. Die Geruchsempfindung verbrannter Mehlspeise lässt sich in der Therapie auf einen inneren Konflikt zurückführen:

Sie will ihre Stellung als Gouvernante aufgeben, weil sie es im Hause ihres Dienstherrn nicht mehr aushält, hängt aber sehr an den lieben Kindern, denen sie die verstorbene Mutter ersetzen will.

Gerade in einer Situation, als dieser Konflikt aktualisiert wird, unterläuft ihr das Missgeschick, dass sie eine Mehlspeise anbrennen lässt. Die weiteren Einfälle der Patientin führen dann zu einem tiefer liegenden Konflikt. Lucy hat sich in den Hausherrn verliebt, ohne Aussicht auf Erfüllung ihres Wunsches, aber auch ohne Mut, sich diesen Liebeswunsch und die Enttäuschung eingestehen zu können: »Ich wußte es ja nicht oder besser, ich wollte es nicht wissen, wollte es mir aus dem Kopfe schlagen […]« (1895, S. 175).

An dieser Stelle kommt die zur Lösung des inneren Konflikts eingesetzte Verdrängung zum Tragen. Die mit dem Ich unverträgliche Vorstellung wird, so Freud, »nicht zunichte gemacht, sondern bloß ins Unbewußte gedrängt«. Damit sei ein »Kern- und Kristallisationsmittelpunkt für die Bildung einer vom Ich getrennten psychischen Gruppe gegeben, um den sich in weiterer Folge alles sammelt, was die Annahme der widerstreitenden Vorstellung zur Voraussetzung hätte« (ebd., S. 182). Auf diese Weise kann die Verdrängung zu einem immer weitere Kreise ziehenden Krankheitsherd werden, der zunehmend mehr Kräfte absorbiert, um das seelische Gleichgewicht noch in Balance halten zu können.

Die Dynamik der Verdrängung hat Freud bekanntlich nicht nur beim neurotischen Symptom, sondern auch beim Traum, bei der Fehlleistung und beim Witz festgestellt. Am Modell des Traums zeigt er, dass verdrängte Wunschvorstellungen dem Einfluss einer »Zensur« unterliegen. Um diese Zensur zu überlisten, bediene sich das Verdrängte der systematischen Entstellung der unbewussten Traumgedanken. Die Verdrängung erscheint hier als Sonderfall einer *Verstellung*. Wird das Verdrängte von seiner Dynamik her mit dem Unbewussten gleichgesetzt, so sei die Verdrängung nicht von vornherein pathologisch, sondern in dem »normalen Aufbau des seelischen Apparats« angelegt. Der Traum wird zum Beweis dafür herangezogen, dass »*das Unterdrückte auch beim normalen Menschen fortbesteht und psychischer Leistungen fähig bleibt*« (1900, S. 613).

Das verdrängte Unbewusste wurde schließlich als dynamisches Unbewusstes vom rein deskriptiven Unbewussten abgegrenzt. Es bezeichne Vorstellungen »mit einem bestimmten dynamischen Charakter [...], die sich trotz Intensität und Wirksamkeit dem Bewußtsein ferne halten« (1926b, S. 434).

Die Topografie der Verdrängung

Die spätere Gleichsetzung von Verdrängung und Unbewusstem stammt nicht allein aus der klinischen Theoriebildung. Parallel dazu hat Freud eine darüber hinausgehende allgemeine Theorie über das Psychische – die sogenannte *Metapsychologie* – anvisiert, um die Wissenschaftlichkeit seiner neuen Psychologierichtung zu begründen.

Die für die Konstitution der Psychoanalyse zentrale Frage war, ob es neben dem bewussten überhaupt ein unbewusstes Psychisches gebe. Zur Klärung dieser Frage bedurfte es der kritischen Auseinandersetzung mit der damals vorherrschenden Bewusstseinspsychologie. Wenn man mit Descartes das Bewusstsein und das denkende Erkennen (»cogitatio«) gleichsetzt, dann *hat* die menschliche Seele nicht Bewusstsein, sondern sie *ist* Bewusstsein. Wenn man mit Kant von einer strikten erkenntnistheoretischen Orientierung an den Erscheinungen, den Phänomenen ausgeht, dann bleibt kein Platz mehr für jene damals weit verbreiteten *Seelenlehren*, die »hinter« dem Bewusstsein eine substanzielle Seele als Trägerin der psychischen Vorgänge annahmen.

Liest man das VII. (metapsychologische) Kapitel der *Traumdeutung*, so sieht man sich mit einem Kontrastprogramm zu Franz Brentano konfrontiert. Es geht Freud ja gerade darum, in Abgrenzung von der Bewusstseinspsychologie eine erste systematische Darstellung seiner neuen Psychologie des Unbewussten zu geben.

»Denn auch nur eine einzige verständnisvolle Beobachtung des Seelenlebens eines Neurotikers, eine einzige Traumanalyse«, müsse dem Arzt »die unerschütterliche Überzeugung aufdrängen, daß die kompliziertesten und korrektesten Denkvorgänge, denen man doch den Namen psychischer Vorgänge nicht versagen wird, vorfallen können, ohne das Bewußtsein der Person zu erregen.« Zudem könne der »Bewußtseinseffekt [...] einen von dem unbewußten Vorgang ganz abweichenden psychischen Charakter zeigen, so daß die innere Wahrnehmung unmöglich den einen als den Ersatz des anderen erkennen kann« (1900, S. 616–620).

Trotz dieser Divergenz ist von verschiedenen Autoren darauf hingewiesen worden, dass Brentanos Philosophie und Psychologie deutliche Spuren in Freuds Werk hinterlassen hat. Daher möchten wir kurz auf Brentanos Lehre von der *Intentionalität* der psychischen Akte und ihren möglichen Einfluss auf Freuds Werk näher eingehen. Mit diesem Schlüsselbegriff wandte er sich gegen die auf Descartes zurückgehende Annahme der binnenhaften Abgeschlossenheit des Bewusstseins. Damit gab er die einseitige Orientierung an den Naturwissenschaften auf und ließ »nach Gegenstand (Sinn und Wesen) und Methode (eidetisch-deskriptiv) den geisteswissenschaftlichen Aspekt der Psychologie zu seinem Recht kommen« (Pongratz 1984, S. 129).

Freud hat sich an keiner Stelle explizit auf Brentano und dessen Begriff der Intentionalität bezogen. Wie lässt sich dennoch die Auffassung begründen, dass er seit der *Traumdeutung* auf intentionale Kategorien wie Wunsch, Motiv, Absicht und Sinn zurückgriff, die der Psychologie Brentanos nahestehen?

Schon auf der ersten Seite der *Traumdeutung* führt Freud das bereits erwähnte *Sinnkriterium* ein, das aufhorchen lässt. Mithilfe der psychoanalytischen Methode lasse sich jeder Traum als »ein sinnvolles Gebilde« erfassen, das »an angebbarer Stelle in das seelische Treiben des Wachens einzureihen« sei. Die Deutungsarbeit diene dazu,

»die Vorgänge klarzulegen, von denen die Fremdartigkeit und Unkenntlichkeit des Traumes herrührt, und aus ihnen einen Rückschluß auf

> die Natur der psychischen Kräfte zu ziehen, aus deren Zusammen- oder Gegeneinanderwirken der Traum hervorgeht« (1900, S. 1).

Liest man Freuds 1916 gehaltene *Vorlesungen zur Einführung in die Psychoanalyse*, so kann man fast den ganzen Text als implizite Auseinandersetzung mit Brentanos Intentionalitätslehre betrachten. Bei dieser Lesart darf allerdings eine Formulierung nicht übersehen werden, die als implizite Abgrenzung von Brentano verstanden werden kann:

> »Wir wollen die Erscheinungen nicht bloß beschreiben und klassifizieren, sondern sie als Anzeichen eines Kräftespiels in der Seele begreifen, als Äußerung von zielstrebigen Tendenzen, die zusammen oder gegeneinander arbeiten. Wir bemühen uns um eine *dynamische Auffassung* der seelischen Erscheinungen. Die wahrgenommenen Phänomene müssen in unserer Auffassung gegen die nur angenommenen Strebungen zurücktreten« (1916–17, S. 62).

Zudem steht Freuds Sinndeutung der psychischen Phänomene von Traum, Fehlleistung und Symptom nicht in einem Ergänzungsverhältnis, sondern in einem antithetischen Verhältnis zur Psychologie Brentanos. Bei dem zugrunde gelegten Sinnkriterium handelt es sich ja gerade um einen gegenüber dem normalen Sinn verborgenen und entstellten Sinn. Die Intentionalität wurde nach Alfred Schöpf »auf die Anforderungen einer Psychologie des Unbewußten hin abgewandelt« (1982, S. 135). Dies war dadurch möglich, dass den aus dem normalen, vorbewusst-bewussten Sinnverständnis ausgeschlossenen Phänomenen »ein alternativer, anderer Sinn« zugesprochen wurde. In der Annahme dieses anderen, verstehbaren und deutbaren Sinns kann man geradezu eine wissenschaftskonstituierende Voraussetzung der Psychoanalyse sehen und die Psychoanalyse dementsprechend als »Psychologie des anderen Sinns« bezeichnen (ebd.).

Im VII. Kapitel der *Traumdeutung* führte er das Unbewusste ein und orientierte sich dabei am Modell des *Verdrängungs-Unbewussten*. Das verdrängte Unbewusste bestehe aus mit dem Ich unvereinbaren Vorstellungen, die aus dem

Bewusstsein ausgeschlossen worden seien. In engem Zusammenhang mit der beschriebenen Verdrängungsdynamik steht Freuds weitere Annahme, dass die aus dem Bewusstsein verdrängten Vorstellungen an einen bestimmten *Ort* gelangen. In seinem (ersten) *topografischen* Modell unterscheidet er drei Systeme:

- Das *Bewusstsein* dient als Sinnesorgan zur Wahrnehmung psychischer Qualitäten.
- Das *Vorbewusste* umfasst seelische Inhalte, auf die das Bewusstsein nicht sofort zugreifen kann, die jedoch durch Suchen nach Zusammenhängen auftauchen oder einem »einfallen«.
- Das (eigentliche) *Unbewusste* ist durch eine »Zensur« vom Vorbewussten getrennt und wird als Region der verdrängten Wünsche, Leidenschaften und Fantasien betrachtet, die ins Bewusstsein zurückdrängen.

Die Verdrängung wird demnach als seelischer Akt betrachtet, der sich, topisch gesehen, zwischen den Systemen des Vorbewussten und Unbewussten abspiele.

Verdrängung und Trieb im Instanzenmodell

In der Folgezeit erweiterte Freud seine Konzeption zu einem »Trieb-Unbewussten«. Den Kern des Unbewussten bilden nunmehr »ererbte psychische Bildungen«, zu denen lebensgeschichtlich erworbene Anteile wie das Verdrängte und Abgewehrte hinzukommen (Freud 1915, S. 294).

In einem zweiten Modell, das er 1923 in *Das Ich und das Es* einführte, unterscheidet Freud die drei Instanzen von Es, Ich und Über-Ich.

- Das *Es* ist weitgehend identisch mit dem Trieb-Unbewussten, dem Bereich der angeborenen und lebensgeschichtlich erworbenen Triebe.
- Das *Ich* befasst sich sowohl mit seinen eigenen Inhalten als auch denen des Es, des Über-Ichs und der Außenwelt

und vermittelt zwischen ihnen, wobei auch unbewusste Anteile eine große Rolle spielen.
- Das *Über-Ich* gilt als Sitz von Erfahrungen, die in der Kindheit als Ideale, Moral und Gewissen verinnerlicht wurden, wobei unbewusste Anteile bedeutsam sind.

In diesem Instanzenmodell bleibt Freud nicht beim Triebunbewussten stehen, sondern er erkennt unbewussten Ich- und Über-Ich-Anteilen einen hohen Stellenwert zu. Das Verdrängt-Unbewusste wird im Wesentlichen dem »Es«, der Verdrängungsakt dem »Ich« und die Zensur dem »Über-Ich« zugeordnet. Bei Freud heißt es ausdrücklich: »Das Unbewußte ist die allein herrschende Qualität im Es. Es und Unbewußtes gehören ebenso innig zusammen wie Ich und Vorbewußtes« (1940a, S. 85).

Das Es unterscheidet sich aber vom Unbewussten der ersten Topik, da es neben dem erworbenen auch einen durch die Triebkonstitution festgelegten Anteil hat. Im Unterschied zum verdrängten Unbewussten der ersten Topik gibt das triebhaft-vitale Es auch dem leiblichen Erleben mehr Gewicht. Festzuhalten bleibt, dass die Verdrängung bereits in der ersten Topik eine feste Stellung im metapsychologischen System Freuds erlangt und dass sie diesen Rang in der zweiten Topik prinzipiell bewahrt hat.

In *Das Ich und das Es* erklärt Freud erneut: »Unseren Begriff des Unbewußten gewinnen wir also aus der Verdrängung. Das Verdrängte ist uns das Vorbild des Unbewußten« (1923, S. 240f.). Was vom Unbewussten aus wirkt, sind sexuelle Wünsche, Liebessehnsüchte, aber auch aggressive und feindselige Tendenzen, also Affekte aller Art – sozusagen das drängende ungelebte Leben. Dieser Kraftquelle aus dem Vitalbereich wirkt die Verdrängung aktiv entgegen.

Der Erfolg der Verdrängung ist verschieden. Bei vollständiger Verdrängung kommt es möglicherweise zu keinerlei Manifestationen des Unbewussten. In diesem Fall bleibt aber die Gefahr der »Wiederkehr des Verdrängten«; die verdrängten Kräfte können in spezifischen Situationen wieder mobilisiert werden. Umgekehrt kann sich das Unbewusste unverhüllt

Ausdruck verschaffen, wenn die ihm entgegenstehende Abwehr von vornherein gering ist.

Konzeptionelle Mehrdeutigkeit des Unbewussten in tiefenpsychologischen Schulen

Eine grundlegende Schwierigkeit, die sich damals wie heute stellt, ist die konzeptionelle *Mehrdeutigkeit* des Unbewussten. In den tiefenpsychologischen Schulen haben sich sehr unterschiedliche Theorien herausgebildet, je nachdem, wie sich die jeweiligen Nachfolger Freuds im Spannungsfeld von Aufklärung, Romantik und Lebensphilosophie (vgl. Strenger 1989) und hinsichtlich der Psychologien von Trieb, Ich, Objektbeziehungen, Selbst und Intersubjektivität (vgl. Pine 1990; Giesers/Pohlmann 2010) positionierten.

Kompensation versus Verdrängung – Adlers Aufklärung über unbewusste Machttendenzen

Als Prototyp der Richtung, die eher zum Pol der Aufklärung tendiert, kann Alfred Adler gelten, da er in seiner Individualpsychologie die Gegensätzlichkeit der Sphären des Rational-Bewussten und des Irrational-Unbewussten wesentlich geringer ansetzte als Freud. Ihm ging es um eine Entmythologisierung des Unbewussten als einer dunklen, schicksalhaften Macht im Seelenleben. Für die aus der romantisch-lebensphilosophischen Tradition stammende Idee des Es war in seiner ich-psychologischen Konzeption kein Raum.

In Adlers Denkentwicklung hat sich die Dynamik von Minderwertigkeitsgefühlen und Kompensation als Gegenmodell zu der von Triebwünschen und Verdrängung herauskristallisiert. Bei neurotischen Problemen handle es sich regelmäßig nicht »um die Verdrängung sexueller Regungen, […] sondern immer nur um das Unbewußtwerden von Machtbestrebungen, die vom leitenden Persönlichkeitsideal abstammen, um Fiktionen, die in diesem Interesse festgehalten werden müssen, damit sie einer bewußten Anwendung und somit einer Erprobung und Beeinträchtigung entzogen werden« (Adler 1920, S. 238).

Adler suchte die Verdrängungslehre von der Triebtheorie abzulösen und betrachtete sie unter dem Aspekt der kompensatorischen Selbstwertsicherung. Die darin enthaltene Idee der Selbstenttäuschung hat er aber im Wesentlichen in seine Lehre integriert. Den Unterschied der beiden tiefenpsychologischen Konzeptionen kann man mit Ludwig Pongratz auch so fassen: »Freud habe in das Zentrum seiner Lehre die Fülle, die Energie der Triebe gesetzt, die das Ich notfalls durch Verdrängung abwehren muß; Adler dagegen gehe vom Mangel aus, den Minderwertigkeiten und Minderwertigkeitsgefühlen, die zum Ausgleich drängen« (1983, S. 207).

Wer im Leben einen größeren psychischen »Fehlschlag« erleidet, müsste sich nach Adler mit der Frage konfrontieren, ob er sich auf der Linie einer *fehlgeleiteten Kompensation* bewegt, zu angespannt und ungeduldig vorwärtsdrängt, zu hoch hinausstrebt oder gar für ihn Unerreichbares erzwingen will. Solche Fehlkompensationen kulminieren im fiktiven Endziel der Überlegenheit. Je schwächer man sich fühlt, desto mehr klammert man sich an starre Fiktionen, desto mehr denkt man in Gegensätzen wie Unterlegenheit versus Überlegenheit, Sieg versus Niederlage, »männlich« versus »weiblich«, klug versus dumm.

Lassen sich solche »schrecklichen Vereinfachungen« nicht mehr durch Humor und relativierendes Denken korrigieren, so fühlt man sich nach und nach einem rigiden und grausamen Persönlichkeitsideal ausgeliefert. Adler spricht davon, dass der nervöse Charakter »ans Kreuz seiner Fiktionen geschlagen« sei (1912, S. 74f.)

Jungs Hinwendung zum kollektiven Unbewussten

Den entgegengesetzten Weg zu Adler schlug C.G. Jung mit der Einführung des kollektiven Unbewussten ein, das man in heutiger Sprache als ein spontan aktives, sich selbst regulierendes, emotional-kognitives System verstehen kann. Es ist bereits vor der Geburt vorhanden und muss wie eine überhistorisch wirksame, biologisch vorgegebene Disposition betrachtet werden (vgl. Obrist 2004).

Jung nahm daran Anstoß, dass Freud mit seiner Theoriebildung über das Unbewusste in der gleichsam personalistischen Enge des individuellen Lebens verblieb. Deshalb lenkte er die Aufmerksamkeit vom ontogenetischen Unbewussten auf das phylogenetische Unbewusste und gelangte zu folgender Aufteilung:

- Das *Ich-Bewusstsein*, das aus einem Komplex von Vorstellungen und Identifikationen besteht, ist Zentrum des Bewusstseinsfeldes. Bewusst wahrnehmen kann man nur Dinge, die mit diesem begrenzten Ich-Komplex assoziiert sind.
- Das *persönliche Unbewusste* umfasst weitere ich-nahe Komplexe, die aber unbewusst sind. Dabei handelt es sich einerseits um Inhalte, die als Vergessenes oder Verdrängtes nachträglich aus dem Ich-Bewusstsein ausgeschlossen wurden, andererseits um primär unbewusste Elemente, die noch nie völlig ins Bewusstsein gelangten, wie zum Beispiel frühkindliche Engramme (Reizeindrücke im Gehirn) und unterschwellig Wahrgenommenes.
- Das *kollektive oder phylogenetische Unbewusste* »ist die gewaltige Erbmasse der Menschheitsentwicklung, wiedergeboren in jeder individuellen Struktur«. In ihm manifestieren sich *Archetypen*, das heißt universell vorhandene Urbilder in der Seele aller Menschen (vgl. Jung 1954).

Bereits Freud hat festgestellt, dass den Patientinnen und Patienten mitunter nichts einfiel, wenn er sie zu bestimmten Traumelementen assoziieren ließ. Seine Schlussfolgerung war, dass es sich bei solchen »stummen« Traumelementen um *Symbole* handle, die im unbewussten Denken fertig enthalten seien. Diese Symbolik gehöre nicht dem jeweiligen Traum an, sondern »dem Unbewussten des Volkes« und sei »in Folklore, in den Mythen, Sagen, Redensarten, in der Sprachweisheit und in den umlaufenden Sitten eines Volkes vollständiger als im Traum anzufinden« (Freud 1900, S. 356). An anderer Stelle sprach er von »phylogenetisch mitgebrachten Schemata, die wie philosophische ›Kategorien‹ die Unterbringung von Lebenseindrücken bewirken« (1918, S. 155).

Mit seiner Auffassung von der Traumsymbolik verwickelte sich Freud allerdings in einen Widerspruch zu jener Annahme, dass der Traum eine ganz individuelle Bedeutung habe. Wie lässt sich dieser Widerspruch zwischen dem Individuellen, der durch die Assoziationsmethode gewonnenen Bedeutungen und dem Überindividuellen der Traumsymbolik auflösen? Eine Antwort lautet: Indem man grundsätzlich der individualisierenden Betrachtung den Vorrang einräumt und das jeweilige Symbol aus dem Gesamtzusammenhang des Traums und der Lebenssituation des Träumers zu verstehen sucht. Dies soll aber keinesfalls heißen, dass man die auffälligen Parallelen zwischen Neurose und Traum, Traum und Märchen, Märchen und Mythos, Neurose und Märchen etc. – die »Grundsprache« der Symbolik – als unwesentlich und unwissenschaftlich abtun sollte.

In einem Fallbeispiel des Jungianers Hans Dieckmann (1983, S. 110ff.) litt die Analysandin wie die erwähnte hysterische Patientin Freuds an starken Gehstörungen. Im Laufe der Therapie erinnerte sie sich im Zusammenhang mit einem Traum an das Lieblingsmärchen ihrer Kindheit. Es war Andersens Märchen vom *Meerweibchen* (oft auch als »Die kleine Seejungfrau« bezeichnet).

In dieser Erzählung geht es um die jüngste Tochter eines Meerkönigs, die sehnsüchtig auf das Erreichen des 15. Lebensjahres wartet, um einmal das väterliche Schloss am Grunde des Meeres verlassen und die viel gerühmte Welt der Menschen kennenlernen zu können. Als sie endlich erwachsen ist und an die Oberfläche des Meeres aufsteigt, begegnet ihr ein festliches Schiff, auf dem ein junger Prinz gerade seinen Geburtstag feiert. In der Nacht gerät das Schiff in Seenot und die Jungfrau rettet den in Todesgefahr schwebenden Prinzen. Sie bettet ihn im Sand am Strand und sieht noch, wie er dort von einem Mädchen gefunden wird.

Seit dieser Zeit fühlt sich das Meerweibchen zu dem Prinzen hingezogen. Wie soll sie ihn aber auf seinem Schloss besuchen, da sie sich doch mit ihrem Fischschwanz auf dem Lande nicht bewegen kann? In ihrer Not wendet sie sich an die Meerhexe und schließt mit ihr einen Pakt: Sie erhält einen Zaubertrank, der ihren Fischschwanz in Beine verwandelt. Als Preis muss sie der Hexe ihre Zunge geben und wird damit ihrer Sprache beraubt. Sie kann zwar gehen, aber bei jedem Schritt schmerzen ihre Beine so, als ob sie von scharfen Schwertern zerschnitten würden. Was ihr bleibt, ist die Fähigkeit eines besonders ausdrucksvollen Tanzes, um den Prinzen für sich zu erobern. Sollte der Prinz aber eine andere heiraten, so muss sie in der Hochzeitsnacht sterben.

Als das Meerweibchen den Trank zu sich genommen hat, erwacht sie im Palast des Prinzen, der das stumme fremde Mädchen aufgrund ihres anmutigen Aussehens und ihres hingebungsvollen Tanzes bald in sein Herz schließt. Er ist ihr aber nur brüderlich zugetan und will das andere Mädchen heiraten, das ihn damals bei seinem Schiffbruch gefunden hat. In der Hochzeitsnacht scheint das Schicksal der kleinen Seejungfrau besiegelt. Da bringen ihr die Schwestern ein Messer von der Hexe. Wenn sie mit diesem den Prinzen erdolchte und sein Blut flösse auf ihre Beine, könnte sie sich wieder in ein Meerweibchen zurückverwandeln und noch dreihundert Jahre leben. Zu dieser Tat ist die Liebende aber nicht fähig. Zum guten Ende muss sie dann doch nicht sterben, sondern wird in eine Tochter der Luft verwandelt.

Die Analysandin, die sich schon in ihrer kindlichen Fantasie lebhaft mit dem Meerweibchen identifiziert hatte, wies in ihrem Leben und Erleben erstaunliche Parallelen zu dieser Märchenfigur auf. Sie litt nicht nur an ähnlich gelagerten Gehstörungen, sondern hatte auch, was man wohl als Kompensation dieser Schwäche verstehen kann, eine besondere Vorliebe für das Tanzen. Dies galt übrigens auch für Freuds Patientin, wie er am Ende seiner Falldarstellung angemerkt hat: »Im Frühjahr 1894 hörte ich, daß sie einen Hausball besuchen werde, zu welchem ich mir Zutritt verschaffen konnte, und ich ließ mir die Gelegenheit nicht entgehen, meine einstige Kranke im raschen Tanze dahinfliegen zu sehen« (Freud 1895, S. 226).

In engem Zusammenhang mit der Thematik des Nicht-auf-den eigenen-Füßen-Stehens war die Schwierigkeit der Analysandin zu sehen, sich von ihrer Familie abzulösen. Sie war nach einer missglückten Liebesbeziehung wieder in den Schoß der Familie zurückgekehrt, als die Abasie auftrat und sie an neuen Expansionsschritten hinderte. Die Liebesbeziehung war nicht zuletzt an ihrer Sprachlosigkeit gescheitert. Wie das stumme Meerweibchen hatte sie es nicht vermocht, ihren Gefühlen gegenüber dem Partner sprachlichen Ausdruck zu verleihen.

Im Grunde standen bei dieser Patientin ganz ähnliche Themen zur Bearbeitung an wie im Falle der Patientin Freuds, nämlich Angst vor der Liebe und dem Erwachsenwerden überhaupt. Auffällig ist, dass sich in Träumen nicht selten Märchenmotive oder mythische Themen finden oder dass dem Träumer ein Märchen als Assoziation zu einem Traum einfällt. Dies deutet darauf hin, dass es sich um ähnlich gelagerte Motivations- und Sinnzusammenhänge handelt.

Das Unbewusste in der postfreudianischen Psychoanalyse

Bei den Nachfolgern Freuds kann man mehrere Psychologien unterscheiden: In den späten 1920er Jahren setzte eine Wende von der *Trieb-* zur *Ich*-Psychologie ein, die jahrzehntelang vorherrschend blieb. Beide Denkansätze betrachten das seelische Geschehen als »Kräftespiel« bzw. als Konfliktdynamik; die Ich-Psychologie verlagert jedoch ihr Interesse von den unbewussten Inhalten auf dessen formelle Aspekte, die Untersuchung der Mechanismen und Strukturen des Ichs (vgl. Giesers/Pohlmann 2010, S. 660f.). Während die Repräsentanten der Ich-Psychologie (Anna Freud, Heinz Hartmann, Ernst Kris und Rudolf Loewenstein) der Aufklärungstradition nahestehen, kann man Autoren wie Sándor Ferenczi, Georg Groddeck, Michael Balint, David W. Winnicott und Heinz Kohut eher einer Tradition romantischen Denkens in der Psychoanalyse zurechnen.

In den sogenannten *Objektbeziehungstheorien* verschob sich seit den 1950er und 1960er Jahren der Hauptakzent von den Trieben und dem Ich auf den Einfluss internalisierter Objektbeziehungen (Melanie Klein, Ronald Fairbairn, Wilfred Bion). John Bowlby und später Joseph D. Lichtenberg stellten dann die vom Sexual- und Aggressionstrieb unabhängige Stellung der Bedürfnisse nach Beziehung, Kontakt, Sicherheit, Exploration und Bewältigung heraus. In den 1970er Jahren erwuchs der vorherrschenden Ich-Psychologie mit der aufkommenden *Selbst*-Psychologie (Heinz Kohut, Otto Kernberg, Stavros Mentzos) ein weiterer Gegenspieler.

Objektbeziehungs- und Selbst-Psychologie stimmen darin überein, dass sie das seelische Geschehen eher als ein Zusammenwirken von affektiven »Zuständen« auffassen. Konzentrieren sich die Objektbeziehungstheoretiker auf die Inhalte unbewusster verinnerlichter Objektbeziehungen, so sind die Selbstpsychologen wesentlich mehr an der formalen Erfassung der Selbstzustände (Kohärenz versus Fragmentierung) interessiert (vgl. Giesers/Pohlmann 2010, S. 661).

Seit einigen Jahren wird nun eine »intersubjektive Wende« in der Psychoanalyse postuliert (Altmeyer/Thomä 2006). Ausschlaggebend für diesen Paradigmenwechsel waren die eindrucksvollen Befunde der Kleinkindforschung über intersubjektive Austauschprozesse zwischen Mutter und Kind (im Anschluss an Daniel Stern), nachdem schon die Vielzahl interpersoneller Ansätze (im Anschluss an Harry Stack Sullivan) und vor allem die relationale Psychoanalyse (im Anschluss an Stephen A. Mitchell) die Weichen in diese Richtung gestellt hatten.

Arbeitete Freud neben der Konzentration auf das »Innere« im Gegensatz zum »Äußeren« mit einer Metaphorik der

»Tiefe« des Unbewussten im Unterschied zur »Oberfläche« des Bewussten, so bedeutet die intersubjektive Wende eine Verschiebung in beide Richtungen: sowohl von unten nach oben als auch von innen nach außen. Dies aber nicht im Sinne einer bloßen Antithese, sondern eher im Sinne einer neuartigen Synthese von Psychischem und Sozialem, von Selbst und Anderem: »Das Selbst bedarf des Objekts – der Spiegelung im Anderen, der Anerkennung durch den Anderen, der Widerständigkeit des Anderen usw. –, wenn es so etwas wie Identität ausbilden will.« Demnach müsse sich das Selbst den Dialog mit dem Anderen »nicht abringen oder nicht von außen aufzwingen lassen, es besitzt selbst eine dialogische Binnenstruktur, in die der Andere eingelassen ist und ›virtuell‹ schon einen Platz besetzt hält« (Altmeyer 2005, S. 655 und 657).

Ist die Aufteilung in die Systeme des Unbewussten, Vorbewussten und Bewussten als erste Topik und die Unterscheidung der Instanzen von Es, Ich und Über-Ich als zweite Topik bezeichnet worden, so kann man angesichts des aktuellen Diskurses an eine *dritte Topik* von Innen, Außen und Zwischen bzw. von Selbst, Anderem und Interaktion denken. Dazu müssten die bisherigen intrapsychischen Konzepte nun in intersubjektiven Perspektiven neu entworfen und ausgestaltet werden.

Die horizontale Ergänzung

Es ist bemerkenswert, dass das vertikale Unbewusste theoretisch anspruchsvoll ausgearbeitet worden ist, von Freud in Triebtheorie, Abwehrlehre und in der Auffassung, dass Ich und Über-Ich unbewusste Anteile enthalten. Von C.G. Jung wurde es mit einem noch tieferen Unterbau des Symbolischen und Kollektiven versehen. In anderen Schulrichtungen artikulierte sich die Vorstellung von der Tiefe eher in einer Art Aprikosenmodell, indem etwa gefordert wird, die Analyse habe zum psychotischen Kern vorzustoßen. Überall herrschte die Idee, von der Oberfläche zur Tiefe vorzugehen, weil man in der Tiefe das Primäre und Ursprünglichere, neben dem Unverstellten und Wahren auch das Abgründige zu finden und zu erkunden erwartet.

Das vertikale Modell schätzt die Tiefe und hält die Oberfläche für nachgeordnet, es hat in einem gewissen Umfang die Tendenz, die Oberfläche als »oberflächlich« zu entwerten. Der manifeste Traum zählt gleichsam weniger als der latente Traumgedanke. Das Wahrgenommene müsse – wie Freud sagte – gegenüber den angenommenen Strebungen zurücktreten. So begründete er die dynamische Auffassung der Träume. Die Suche nach dem, was »dahinter«steckt, hat eine »Hermeneutik des Verdachts« hervorgebracht, als ginge es im Laufe eines psychoanalytischen Prozesses darum, den Patientinnen oder Patienten immerzu »nachzuweisen«, dass sie »eigentlich« etwas anderes meinen, als sie tatsächlich sagen.

Gegen die räumliche Vorstellung von »davor« und »dahinter« hatte sich freilich schon mahnend Josef Breuer gewandt, und auch Freud erinnerte oft genug daran, denn in einer solchen räumlichen Metaphorik artikulieren sich auch manche fragwürdigen Gegensätze, beispielsweise die Entgegensetzung von Sprache und Körper. Sie zieht eine Wertung nach sich, wonach der Körper das Tiefere und Eigentliche sei, die Sprache hingegen nur das vergleichsweise spät Hinzugekommene, das, was über wahre Absichten auch täuschen kann und deshalb nicht unbedingt verlässlich ist. In einem solchen Denken meint man, sich mehr auf den Körper und seine »enactments« verlassen zu können als auf die Sprache.

Natürlich kann die Sprache zur Täuschung verwendet werden, aber nicht erst durch die Sprache wird getäuscht, wie jede Blume beweist, die mit betörenden Düften Insekten anlockt, um sie zu verspeisen. Wir wollen uns deshalb von solchen Entgegensetzungen nicht zur Hochschätzung der einen oder der anderen Seite verleiten lassen, sondern lieber der Entwicklung innerhalb der Psychoanalyse folgen, die mehr und mehr das beschriebene vertikale Modell des Unbewussten durch ein horizontales bzw. resonantes Modell ergänzte.

Das horizontale Unbewusste – Ein System sozialer Resonanzen

Therapeutinnen und Therapeuten machen in der praktischen Arbeit die Erfahrung, dass sie etwas von einem Patienten »wissen«, von dem sie nicht sagen könnten, dass sie es wissen. Es geht dabei nicht darum, woher sie es wissen, sondern darum, dass sie überhaupt nicht wissen, dass sie es wissen – bis zu dem Augenblick, in dem etwas geschieht, das einem schlagartig wie durch das plötzliche Aufleuchten eines Blitzes deutlich macht, dass man das die ganze Zeit schon »wusste«.

> Als Herr G. nach der Sommerpause in meine Praxis kommt, sehe ich ihm an, dass er mir heute einen Traum erzählen wird. Ich kenne ihn noch nicht sehr lange, wir haben etwa ein Vierteljahr zusammen an seiner aggressiven Gehemmtheit gearbeitet. Er ist in einer kleinen Firma beschäftigt, in der manche Kollegen »als Alkoholiker herumtaumeln«, wie er sich einmal ausgedrückt hat. Das toleriert er im Grunde, aber manchmal behindert ihn deren Unzuverlässigkeit in seinen Arbeitsvorhaben derartig, dass er vor Wut die Wände hochgehen könnte. Aber dann wird er reaktiv besonders freundlich.
>
> Zu Beginn dieser Sitzung erzählt er mir, er habe auf einem Parkplatz während der Ferienreise erlebt, wie sich ein dicker Mann in seinem Auto auf den für Familien mit Kindern reservierten Parkplatz gestellt habe, während er – brav – den einzigen noch freien, weit entfernten Parkplatz ansteuerte. Als »der Dicke« sich aus dem Auto gepellt habe, habe er ihn angesprochen und ihm eine Standpauke gehalten. Er freut sich, dass er diesen Mut hatte.

Ich frage mich: Wie kommt es, dass sich der kinderlose Patient so für Kinder und Familien einsetzt, ob seine Frau wohl in den Ferien schwanger geworden ist? Während ich ihm weiter zuhöre und vernehme, dass er bei diesem Erlebnis an die Sitzungen gedacht und dass er es mir zu erzählen sich vorgenommen habe, geht mir das Wort »Befreiungsschlag« durch den Kopf. Es ist das erste Mal, dass sich der recht zaghafte Mann gegen jemanden zur Wehr zu setzen wagt. Er erzählt es mir auch deshalb, relativ bewusstseinsnah, weil er mir den Erfolg der Analyse mitteilen möchte. Meint er also, das sei eigentlich *mein* Erfolg?

Zugleich empfinde ich deutlich die Verschiebung: Zwar hat er »dem Dicken« was zu sagen gewagt, aber wie sich nun, nach den Ferien, die Situation in der Firma darstellen wird, ist eine offene Frage. Ich merke, wie mir eine Bemerkung entschlüpfen will wie »So begrüßen Sie heute die Stunden nach den Ferien mit einem Befreiungsschlag«, aber ich sage, ganz gegen meinen bewussten Willen, lediglich: »Ein Donnerschlag.« Das platzt mir heraus, peng. Schweigen. Habe ich ihn unterbrochen oder gar »abgewürgt«? Ein kleines Schuldgefühl beschleicht mich.

Dann höre ich, wie er zu meiner Erleichterung wieder zu sprechen beginnt: »Heute Nacht, das fällt mir gerade wieder ein, hatte ich einen Traum von einem Donnerschlag! Ich war irgendwie draußen und direkt neben mir explodierte ein Donnerschlag so laut, dass ich ein Pfeifen im Ohr hatte. Das tat so weh, dass ich geschrien habe. Meine Frau neben mir wollte, dass ich ihr etwas in den Mund sprühe, der so rot war wie eine geöffnete Vagina. Vorher wollten wir noch nach Q. zu meinen Eltern fahren, und sie fragte mich, ob ich mir wirklich diesen Stress antun wolle, und ich merke erleichtert, dass ich ja gar nicht zu meinen Eltern fahren musste.«

Er schweigt nach dieser Traumerinnerung, die ihm so plötzlich gekommen war. Was könnte der Donnerschlag nur sein?, fragt er sich. Und das Rote? Und wie kommen die Eltern in den Traum? Er ergänzt noch, wie es bei Traumerzählungen häufig geschieht, dass er seiner Frau etwas in den Mund sprühen sollte, weil sie »keine Luft bekommen« habe. Ich sehe sofort die altdeutsche Schreibweise von »Luft« vor mir und dass es zu den Schülerwitzen gehörte, das Wort »Luft (**Luft**)« zu »Lust (**Luſt**)« zu verändern. Er wandelt die Luft in »Sauerstoff« um und bemerkt, vielleicht sei sie »sauer« gewesen? Nein, fällt ihm ein: Er selbst war sauer! Denn noch in der letzten Woche vor der langen Ferienpause habe er mit seiner Frau geschlafen, daher wohl auch die »geöffnete Vagina«. Sie verhüten durch Beachtung des Eisprungs, seine Frau habe ihn noch darauf aufmerksam gemacht, dass »Gefahr« drohe, aber er habe gemeint, sie habe den Eisprung falsch berechnet. So kam es zu dem »Donnerschlag«, denn dieser Verkehr sei sehr schön, geradezu himmlisch gewesen! Jetzt sei die Frage, ob sie tatsächlich schwanger ist!

An dieser Stelle sage ich: »Und da haben Sie schon mal begonnen, Kinderparkplätze zu verteidigen.« Er lacht, fügt aber an, dass er mit seiner Frau auch etwas im Streit liege, denn er findet, dass das Kind »zu früh« käme bezüglich seiner beruflichen und sonstigen Lebensplanung und dass er merkwürdigerweise seiner Frau die mögliche Schwängerung übelnehme. Obwohl sie ihn ja gewarnt hatte. Aus dem »belebenden Blitz« des Zeugenden ist deshalb ein böser »Donnerschlag« geworden, bemerke ich. Ja, eigentlich wolle er, dass seine Frau den Mund »zumache«, und dann bemerkt er, dass er vielleicht Angst habe vor solchen bösen Gedanken, dass er die Schwangerschaft vielleicht gar nicht begrüße.

»Und zur Konfliktverhütung haben Sie den Donner dann von außen kommen lassen, Sie waren ja draußen im Traum, aber eigentlich kommt er von Ihnen, von innen«, bemerke ich. »Das stimmt«, sagt er, »eigentlich habe ich im Traum auch schon gewusst, dass es mein Donner ist.« Dass er nicht zu seinen Eltern fahren müsse, habe ja dann wohl die Bedeutung, dass er jetzt selbst vielleicht »Eltern« werde, fügt er hellsichtig an – zwei Wochen später ist die Bestätigung der Schwangerschaft da.

Für Psychotherapeuten ist eine solche Erfahrung so ungewöhnlich nicht. Jacob A. Arlow (1986) hat solche Erfahrungen ebenso berichtet wie Theodor Reik, dessen *Hören mit dem dritten Ohr* (1976) geradezu sprichwörtlich geworden ist. Auch Christopher Bollas (1995) weiß von einem »cracking up«, von einem plötzlichen Aufbrechen eines Gedankens, eines Zusammenhangs, eines Wissens. Manche haben das sogar empirisch untersucht (Benedek 1992) und auch in anderen therapeutischen Schulen findet sich Aufmerksamkeit dafür (Hosemann 1987; Mayer 1988; Bickel-Renn 2010), ja sogar von Vertretern der empirischen Psychologie wird das Unbewusste hier rehabilitiert. Gerd Gigerenzer (2007) betitelt sein Buch mit *Bauchentscheidungen. Die Intelligenz des Unbewussten und die Macht der Intuition*. Manche formulieren auch die sogenannte »Gegenübertragung« um und untersuchen sie daraufhin, ob sie den intuitiven analytischen Prozess fördert oder behindert (Evans/Cohen 1986). Selbst die harten Verhaltenswissenschaftler kannten schon diesen Vorgang (Hebb 1946).

Freilich, wie man so etwas darstellen soll, damit ringt auch dieses Fallbeispiel. Die Erfahrung ist unstreitig, wenn auch keineswegs beständig und auch nicht regelmäßig. Sie ist auch nicht irrtumsresistent, man kann hierbei mächtig danebenliegen und muss deshalb immer Sicherungen einbauen. Ich hatte zwar dieses seltsame »Wissen«, dass ich heute einen Traum hören würde, aber ob das tatsächlich so kommen würde, blieb abzuwarten. Und außerdem habe ich mit meiner Bemerkung vom »Donnerschlag« ja auch zur Ausformulierung beigetragen. Ich weiß zu Beginn, dass er einen Traum erzählen wird, und ich weiß es so, dass ich mich an diese Wahrnehmung, an diese Gedanken schon bei der Begrüßung erinnere. Das hat nichts damit zu tun, dass ich ein besonders sensibler Mensch wäre oder ein besonders begnadeter Analytiker. Vielmehr ist mir dies Wort »entflutscht«, ich wollte etwas anderes sagen.

Mir scheint die Annahme am meisten plausibel, dass wir uns mit anderen Menschen im Fall einer Begegnung von Angesicht zu Angesicht immer und sofort in einem interaktiven »Feld« befinden, worin sich mancherlei abspielt, für das ein rein akademisch-wissenschaftlich eingestellter Sinn zu wenig wäre. Ein bekannter Analytiker hat einmal erzählt, seine Frau, ebenfalls Analytikerin, könne meist schon an der Art, wie er mit neu sich anmeldenden Patienten am Telefon rede, recht treffsicher erkennen, welche Art von Störungen die wohl mitbringen. Tatsächlich stellen sich Stimme und Gehör, Kopfhaltung und Worte meist rasant schnell auf ein Gegenüber ein. Das bekannteste Beispiel dürfte der Umgang mit depressiven Menschen sein, auf die man gleichsam spontan mit veränderter Stimme und Begegnungsbereitschaft reagiert. Und noch auffälliger ist natürlich der Umgang mit Kindern, bei denen fast alle Menschen in einen bestimmten »Singsang« verfallen. Dabei spielen vielfache kulturelle Momente eine Rolle, aber auch eine Art reflektorischer Mechanismus. Man weiß gut, dass in allen Kulturen Menschen auf Säuglinge mit der typischen »Ammensprache«, mit dem charakteristischen hohen Ton reagieren und dabei wohl bekannte Mimiken auf ihr Gesicht zaubern und vorhersagbare Bewegungen machen werden, etwa das Streicheln des Kopfes oder das Berühren der kleinen Nase.

Ein solches Feld hatte sich auch zwischen meinem Patienten und mir aufgetan, und es kommt in der Psychoanalyse nach meiner Überzeugung eher auf Wahrnehmungskunst als auf Deutungskunst an. Der bekannte Satz, wonach man nur sieht, was man weiß, heißt hier, dass man auch nur das deuten kann, was man zuvor mit dem inneren Sinn »gesehen« hat.

Eine Zwei-Personen-Psychologie

Innerhalb der Psychoanalyse haben die zuvor genannten Autorinnen und Autoren neben vielen anderen (etwa Mitchell 1987, 2003, 2004) vor längerer Zeit schon begonnen, eine Wendung zu einer »Zwei-Personen-Psychologie« zu fordern. Dieser Ausdruck visiert soziale Resonanzen an, ist aber terminologisch etwas unglücklich, weil er sich mit dem komplexen Person-Begriff auseinandersetzen müsste. Wir Menschen sind nach den Einsichten der Entwicklungspsychologen gerade nicht von Anfang an schon »Person«, sondern werden das immer erst durch die mehr oder weniger gelingende Interaktion mit hilfreichen anderen. Zwar sind wir in einem rechtlichen und ethischen Sinn von Geburt an (und manche meinen: auch schon weit früher) »Personen«. Ob wir aber das auch schon in einem hier angesprochenen psychologischen Sinn sind?

Wichtiger als von »Person« zu sprechen ist vielmehr die Betonung dessen, was uns immer wieder neu »Personen« sein lässt, nämlich das Beziehungsfeld, in dem wir stehen.

Das gilt besonders für die analytische Begegnung. Ein Analytiker ist ja nicht Analytiker, weil er ein Diplom an die Wand hängen kann, sondern nur soweit er es für diesen Patienten, für diese Patientin *wird*. Er muss gleichsam von den Patientinnen und Patienten *autorisiert* werden, Analytiker zu werden, damit sie dann Analysand *werden* können – denn zunächst sind sie ja nur Patienten. Beide Seiten müssen erst *werden*, was Christopher Bollas (2010) das »analytische Paar« genannt hatte. In diesen Prozess des Werdens treten sie nicht ein als fertiger Analytiker und fertige Analysanden, sondern das werden sie nur dann, wenn sie beide die Psychoanalyse für sich selbst auf eine ganz eigene, ganz eigenwillige und ganz neue Weise entdecken bzw. erfinden. Vorrangig ist also ein Moment der Begegnung, nicht einer der Individualität von Personen.

Diese Sicht ist von den »Inter-Subjektivisten« im Gefolge von Stephen A. Mitchell besonders ausgearbeitet worden. Sie nennen ihr Denken auch deshalb neuerdings »relational«, weil die Rede von Inter-Subjektivität das gleiche Problem berührt, dass nämlich Subjekte schon vorhanden sein müssten, um durch einen Bindestrich verkoppelt zu werden. Doch der Bindestrich bezeichnet nur den Ort, an dem das Problem liegt. Die dabei entwickelten Theorien, vorzüglich dargestellt bei Martin Altmeyer und Helmut Thomä (2006), beziehen sich alle auf dieses Problem, aber die Bezeichnung stimmt nicht genau genug. Näher an das Gemeinte rückt ein Begriff wie der des »Feldes«, wie er von Madeleine und Willy Baranger (1966) erstmalig (wohl von der Lewin'schen Feldtheorie adaptiert) in die Psychoanalyse eingeführt und dann vor allem von Antonino Ferro (2003) weiterentwickelt worden ist. Das Feld ermöglicht es uns, die Therapeut-Patient-Beziehung als wechselseitige Abhängigkeit zu erkennen und anzuerkennen.

Wechselseitige Abhängigkeit anerkennen – das passt zunächst nicht zur Vorstellung einer ganz und gar nur durch sich selbst bestimmten individuellen Autonomie. »Autonomie« wird gerne als Ziel der Analyse genannt, aber darin verstecken sich Probleme. Man ignoriert leicht, dass der Konflikt zwischen »Autonomie und Scham bzw. Zweifel« bereits von Erikson (1968) der sogenannten analen Phase zugeordnet wurde; tatsächlich ist die Kontrolle der Sphinkter-Muskulatur ein wichtiger Schritt in der Verselbstständigung des Kindes. Der Gedanke der Autonomie ist oft auch mit Pubertätsprotesten verbunden, den eigenen Willen gegen (elterliche) Hindernisse durchzusetzen. Aber ist »Autonomie« ein Konzept, das weiterträgt? Wir meinen, dass das nicht so ist. Denn wollte man sich auch nur zwei oder mehr in diesem Sinne »autonome« Persönlichkeiten gemeinsam vorstellen, kann eigentlich nur eine Szenerie der Rechthaberei oder der unproduktiven Konkurrenz erscheinen. Gebraucht wird ein Ersatz für dieses veraltete Konzept.

Richtiger wäre es, statt von Autonomie von Souveränität zu sprechen und diese als *Anerkennung von Abhängigkeit* zu definieren. Wir sind in vielerlei Hinsicht abhängig: von Aufmerksamkeit, die andere gewähren, von deren Zeit, vom Strom, der den Computer betreibt, von wissenschaftlichen Erkenntnissen anderer etc. In genau diesem Sinn ist auch der Psychotherapeut ein Souverän, soweit er anerkennen kann, als Analytiker davon abhängig zu sein, einen Patienten zu haben, der ihm Analyse und Therapie auszuüben gestattet – auch in dieser Hinsicht besteht praktische Abhängigkeit, die auf ihre theoretische Anerkennung noch wartet.

Wer für diese Akzentverschiebung von der Autonomie zur Souveränität einen Blick gewinnt, merkt, dass hier vom Unbewussten nicht mehr in einer vertikalen Perspektive gesprochen werden kann, denn diese würde nur jede Person *für sich* in den Blick nehmen können – andere Personen erscheinen dann nur als »Objekte«. Diese Terminologie stammt aus der Triebtheorie. Aus deren Perspektive sind andere Personen »Objekte« der Triebbefriedigung – und deshalb eignet der Triebtheorie bei aller Brisanz auch etwas ego-zentrisches. Sie denkt von einem Ego aus. Geht es aber um wechselseitige

Abhängigkeiten und deren Anerkennung, dann muss man die Perspektive wechseln und eine Theorie des *horizontalen bzw. resonanten* Unbewussten zu entwerfen versuchen.

Diese Auffassung von einem resonanten Unbewussten steht in einem Spannungsverhältnis zu den vertikal gedachten Richtungen eines Unbewussten, das »unten« vermutet wird, wie es sich schon in Freuds damaliger Gleichsetzung der Psychoanalyse mit der »Tiefenpsychologie« ausspricht. Auch das Es als »Dampfkessel« vermuten wir in der Vorstellung eher »unten«, im Bauch eines Schiffes etwa. Und wenn wir Patienten auffordern, ihre Gedanken aufsteigen zu lassen, dann natürlich von unten nach oben. Aber es gibt mittlerweile eine Reihe von Befunden, an denen sich zeigt, dass das Unbewusste das Unbewusste versteht, so wie es Freud beschrieb – das lässt sich sogar an experimentellen Befunden zeigen.

Unbewusstes versteht Unbewusstes – Resonanzphänomene

Um zu zeigen, was es mit diesem resonanten Unbewussten auf sich hat, wollen wir die horizontale Dimension gleich auf die therapeutische Situation beziehen. Das Therapeut-Patient-Verhältnis ist exemplarisch für die Dimension des resonanten Unbewussten. Aus solchen Überlegungen soll schließlich der Gewinn für die therapeutische Praxis ersichtlich werden.

Eigentümlich kontrastierend zur vertikalen Theorie der Freud'schen Psychoanalyse ist, dass die grundlegende Anweisung Freuds für die Haltung in der *therapeutischen Praxis* ein horizontales Resonanzmodell bevorzugte: Der Analytiker solle sein empfangendes Unbewusstes auf das Unbewusste des Patienten einstellen, auf dessen *freie Assoziation* seinerseits mit *gleichschwebender Aufmerksamkeit* antworten. Das bedeutet durchaus, die genannte Unterscheidung von Vordergrund und Hintergrund, von Oberfläche und dem, »was darunter liegt«, aufzugeben! Denn wenn das Unbewusste irgendwo erscheint, dann muss es irgendwie sichtbar und hörbar sein, wenn auch vielleicht nur in winzigen Details oder in Irritationen, für die sich niemand sonst zu interessieren gelernt hat als eben die Psychoanalytiker. Die meisten Menschen übergehen Fehlleistungen und lachen darüber, aber Psychoanalytiker vermögen ihnen unter Umständen einen Sinn abzugewinnen. Sie interessieren sich für die Gestalt der Oberfläche, weil hier das Unbewusste buchstäblich *präsent und präsentiert* wird.

Das ist übrigens auch Forschern anderer Bereiche aufgefallen, insbesondere solchen, die sich für Konversationen, also alltägliche oder auch therapeutische Gespräche interessieren. Lisa Capps und Elinor Ochs (1995) haben ein bemerkenswertes Buch über die Art geschrieben, wie Panik in Gesprächen *dargestellt* wird, und sie wollen damit sagen, dass man die Darstellung keineswegs gering schätzen sollte! Wer die Darstellung für gering schätzt, der muss ja meinen, das »Eigentliche« sei schon wieder das, was »dahintersteckt« – und ist schon gefangen in den Unterscheidungen des vertikalen Modells. Die beiden Autorinnen (S. 18) formulieren es so: »Psychoanalytiker tendieren dazu, *durch* eine Erzählung hindurch schauen zu wollen statt *auf* die Erzählung selbst, um emotionale Dynamik und prägende Erfahrung zu verstehen« (eigene Übersetzung).

Die Autorinnen schlagen vor, *auf* die Erzählungen selbst zu blicken – und so hätten wir hier schon eine Antwort auf die Frage nach den zukünftigen Chancen des resonanten Modells: Klinische »Daten« jenseits der Statistik bestehen aus solchen Narrativen. David Tuckett (1993, 2007) beklagt ebenso wie Horst Kächele (2010) zu Recht, dass es sich lohnt, wenn wir, so weit wie irgend möglich, den »Originalton« mitteilen – dann ist vielleicht auch die Überraschung, die mit dem Wort »Resonanz« so geheimnisvoll verbunden wird, leicht aufzuklären.

Zum Originalton gehört neben der Stimme das Gestotter und Gestammel, die vielfachen Redestarts mit mehreren gleichzeitigen Themen, die Verschachtelungen, die Hms und Ähms, die Pausen und Verhaspelungen beim Reden und beim Zuhören ebenso wie das Sich-gegenseitig-Unterbrechen, das schnelle Anschließen, der Kampf ums Rederecht, das trotzige Schweigen. Nicht nur biografische Narrative sind unsere »Fakten«, sondern all das dazu, was eben *Konversation* ausmacht. So geht es zu in Gesprächen. Nie wird eine Deutung so schön, so elegant formuliert, wie sie in Fallgeschichten präsentiert wird, und zwar einfach deshalb, weil wir uns in schriftlichen Medien anders mitteilen müssen, als wenn wir direkt mit jemandem sprechen. Das kleine, viel zu wenig beachtete Wunder ist, dass wir in Gesprächen mit all diesen Stottereien recht gut zurechtkommen und dass manchmal schon etwas verstanden wird, bevor es überhaupt gesagt ist – eben weil es Resonanzen gibt.

In unseren therapeutischen Antworten zeigt sich dann unsere Kunstfertigkeit, die sich am professionell versierten Umgang mit komplexen Details beweist, nicht in der schematischen Deutung, die aus Theorien abgeleitet wird. Ohne personale Präsenz würden sich Patienten zu Recht beklagen, dass sie dann auch Bücher lesen könnten. Die psychoanalytische Erfahrung ist nicht anders als zwischen Personen zu haben. Hier entfaltet sie ihren Reichtum, öffnet ihre bereichernde Komplexität, atmet Luft und in ihr weiten sich seelische Verengungen zur Transparenz – eben im besten Sinn durch Resonanz mit einem anderen, der Seelisches anzuregen vermag, weil er sich im Begreifen davon ergreifen lassen kann. Dass er sich dabei nicht vergreifen darf, versteht sich von selbst.

So lässt sich als nächster Schritt anfügen, dass es in der Praxis anders zugeht als in der Theorie. Die Behandlungssituation erfordert von uns zunächst eine Ko-Regulierung von Affekten, sie sucht einen dyadischen Bewusstseinszustand zu gewinnen, also eine Ausrichtung der gemeinsamen Aufmerksamkeit auf ein bestimmtes Moment des Erlebens, und sie kann die richtigen Worte hilfreich dann eintropfen lassen, wenn ein solcher dyadischer Bewusstseinszustand resonant gefunden ist.

Anders also, als es eine vertikale Theorie des Unbewussten will, geht es im Therapiezimmer um Resonanz zwischen einem Patienten und dem Therapeuten. Es geht nicht um Tiefe in vertikaler Richtung, sondern um *Tiefe in einer horizontalen*

Dimension der Begegnung. Während Sigmund Freud ein vor allem triebhaftes Unbewusstes vorstellt und zeigt, wie mühsam es durch das Ich gebändigt wird, das seinerseits unter der Herrschaft der Außenwelt, der normativen Strenge des Über-Ichs und der Lustforderungen des Es steht, so zeigt er uns in seinen behandlungstechnischen Ratschlägen ein ganz anderes Unbewusstes: eines, das feinfühlig hört und vernimmt, das sich auf subtile Frequenzen einstellt, wie eine Mutter auf die Töne und Geräusche ihres Babys, wie ein Seismograf auf Anzeichen von Erschütterungen. Freud zeigt uns die horizontale Dimension der Resonanz, horizontal – von Person zu Person. Er geht so weit, zu behaupten, dass das Unbewusste jener Teil des »psychischen Apparates« sei, der uns in die Lage versetzt, alle abwehrbedingten Verdrängungen, Rationalisierungen, Verschiebungen und Projektionen rückgängig zu machen; *das Unbewusste versteht das Unbewusste!*

Schauen wir uns ein paar der Geschichten an, mit denen Freud illustriert, was er meint. Da ist die Geschichte einer gemeinsamen Fehlleistung. In einer Gesellschaft, so schreibt er in der *Psychopathologie des Alltagslebens*, will einer Dame der Titel des Buches *Ben Hur* nicht einfallen und »auch den anwesenden Herren versagt sich der richtige Einfall«. Man kennt das: Einer erzählt von einem gemeinsamen Bekannten, verfügt über den Namen nicht und die Zuhörer wissen genau, von wem die Rede ist, aber auch ihnen fällt plötzlich der Name nicht ein. Freud beobachtet hier präzise dieses Phänomen und hält es der Erörterung für würdig. Hier geht es tatsächlich um eine Art horizontaler »Ansteckung«. Freud meint, das Unbewusste der Herren habe verstanden, dass der Dame das Aussprechen des Buchtitels wegen der anstößigen Assoziationen (»Hure«) unangenehm gewesen sei; das Unbewusste der Herren habe das der Dame »gleichsam gedeutet«.

Das ist durchaus ein interessanter Punkt, der bisher wenig Beachtung gefunden hat. Freud spricht tatsächlich davon, dass das Unbewusste deute! Also nicht nur passiv *gedeutet wird*, sondern *aktiv deutet*. Das Unbewusste ist hier nicht nur Gegenstand der Deutung, sondern *Subjekt der Deutung*.

Hier sehen wir am deutlichsten, wie sehr sich diese Dimension des Unbewussten von der repressiven unterscheidet! Das Unbewusste versteht etwas am anderen, was sich dem Bewusstsein entzieht.

In der *Neuen Folge der Vorlesungen* erklärt Freud, das Unbewusste der Kinder verstehe oft das der Eltern ganz präzise. Die Eltern wollen bestimmten Erziehungsvorstellungen, wie sie sich in Ratgebern darstellen, folgen. Sie wollen manches besser machen, aber, darauf weist Freud nun erfahrungsgesättigt hin:

> »Sie haben die Schwierigkeiten ihrer eigenen Kindheit vergessen, sind zufrieden, sich nun voll mit den eigenen Eltern identifizieren zu können, die ihnen seinerzeit die schweren Einschränkungen auferlegt haben. So wird das Über-Ich des Kindes eigentlich nicht nach dem Vorbild der Eltern, sondern des elterlichen Über-Ichs aufgebaut; es erfüllt sich mit dem gleichen Inhalt, es wird zum Träger der Tradition, all der zeitbeständigen Wertungen, die sich auf diesem Wege über Generationen fortgepflanzt haben. Sie erraten leicht, welch wichtige Hilfen für das Verständnis des sozialen Verhaltens der Menschen, zum Beispiel für das der Verwahrlosung, vielleicht auch welch praktische Winke für die Erziehung sich aus der Berücksichtigung des Über-Ichs ergeben« (1933, S. 73).

Freud hat Recht mit dieser Beobachtung. Die Kinder wissen oft gut, was ihre Eltern »wirklich denken«, auch wenn diese mit Worten etwas anderes sagen. Kinder betreiben »psychische Analyse an ihren Nebenmenschen«, wie Freud allgemein formulierte, und diese ersten Nebenmenschen sind natürlich die Eltern. Wir werden noch sehen, dass es ein verhängnisvoller Fehler war, zu vergessen, dass Kinder gute Psychologen sind. Sie müssen von Anfang an ihre Welt und Mitwelt studieren, um herauszufinden, wohin sie da geraten sind nach dem Austritt aus der warmen Höhle des Uterus. Sie beobachten mit den ihnen zur Verfügung stehenden Kräften, sie studieren Gesichter und alles, was auf sie einwirkt. Sie sind damit sehr beschäftigt, wie jeder weiß, der selbst Kinder hat. Und sie müssen sich alles auf eigene Art und Weise erklären. Ein kluger Mann, Wilhelm von Humboldt, hat in seiner Sprachtheorie die Vermutung geäußert, der Grund, weshalb Tiere nicht sprächen, sei, dass sie nichts zu sagen haben. Aber bei den Kindern sei es anders. Sie sprechen nicht, weil sie erst einmal alles verstehen müssen.

Kinder beobachten ganz genau: die Gesichter, die Stimme, die Farbe der Welt, die Geräusche, die lautlichen Dissonanzen, die eigene Hautregulierung, Temperatur, Wohlfühlen, den eigenen Körper – alles. »Beobachten« ist hier ein Wort, das eine ziemlich wichtige Bedeutung bekommt. Etwas beobachten heißt immer, etwas anderes *nicht* zu beobachten. Es heißt also vor allem, einen Unterschied zu machen. Aber wo, an welcher Stelle macht man einen Unterschied?

Damit haben sich die frühen psychoanalytischen Entwicklungspsychologen beschäftigt. René Spitz (1966) meinte zum Beispiel, eine wichtige Unterscheidung sei die zwischen »lebendigen« und »nicht lebendigen« Objekten. Das ist gewiss richtig, aber es ist eine wahrscheinlich spät erworbene Unterscheidung. Vorher gibt es andere Unterscheidungen, die zwischen hell und dunkel, zwischen laut und zart, zwischen freundlich und kalt. Stanley Greenspan und Stuart Shanker (2007) machen auf etwas aufmerksam, was hierbei eine enorm große Rolle bekommt. Sie nennen diesen Vorgang »duale Kodierung«. Der Vorgang selbst ist wichtig, das Wort vielleicht kompliziert, aber zu verstehen, was gemeint ist, ist eigentlich nicht so schwer.

Duale Kodierung

An der Eltern-Kind-Interaktion lässt sich die duale Kodierung am leichtesten verstehen, hier wird deutlich, wie sehr Unbewusstes kommunizieren kann.

Kinder erfahren ihre Welt über die Sinne, die empfindlich sind und, wie man sagt, »gereizt« werden. Das Auge vom Licht, die Haut von der Temperatur oder von Oberflächeneigenschaften der Gegenstände, das Ohr von Geräuschen. So wird die Stimme der Mutter gehört und sie kann laut klingen – das ist der rein physiologische Aspekt. Daneben gibt es einen affektiven Wert, den sinnliche Wahrnehmungen von Anfang an bekommen: Die Stimme der Mutter klingt angenehm oder unangenehm. Das Licht ist zu hell oder zu düster, das den Babykörper einwickelnde Tuch ist angenehm weich oder zu rau. Neben die sinnliche Stimulation also gesellt sich immer der affektive Wert einer Wahrnehmung bzw. einer Empfindung – und beides zusammen als Welterfahrung zu »lesen« heißt eben, *eine* Erfahrung »dual« zu kodieren.

Wenn man das einmal verstanden hat, merkt man, was für ein wunderbares Prinzip diese duale Kodierung ist. Dual werden nicht nur Erfahrungen mit fremden Objekten der Welt kodiert, sondern auch Selbsterfahrungen, auch wenn das Selbst »vor allem ein körperliches« (Freud) ist. Also wird dual kodiert, wie die Mutter das Kind hält, wie die Körpertemperatur ist, wie die Schnelligkeit, Geschmeidigkeit oder Grobheit der Art und Weise ist, wie das Kind aus dem Bettchen aufgenommen, wie es gehalten wird. Wird der Kopf richtig gestützt? Welchen Unterschied erzeugt es im Fühlen des Körpers, wenn die Mutter oder der Vater den Säugling auf den Arm nimmt?

Freilich, man muss sich das Kind nun nicht wie einen Abenteurer im tiefen Herzen Afrikas vorstellen, der herauszufinden versucht, wie es in dieser unbekannten Welt zugeht, denn all das macht das Baby nicht nur neugierig, sondern ermüdet es rasch. Eben war es noch ganz wach, war ganz alert, zugewandt und aufmerksam. Hat es genug aufgenommen, wechselt es vom »alert state« in den »dreamy state« – auch das ist ein Unterschied des Selbstgefühls und des ganzen Körpers, den das Kind bemerkt. Aufmerksame Pflegepersonen wissen das übrigens auch!

Deutlich sieht man diesen Unterschied am Blick des Kindes. Beim Übergang in den schläfrigen Dämmerzustand wird der Blick »inwendig«, obwohl es noch der Welt zugewandt ist. Es hört zu zappeln auf und schaut nur noch, dann senken sich die Wimpern und dem Kind fallen die Augen zu, es beginnt zu schlafen; und es bemerkt auch noch, ob dieser Übergang von anderen bemerkt wird oder nicht. Manchmal gibt es Pflegepersonen, Väter oder Mütter, die gerade dann, wenn das Kind beginnt, für sich sein zu wollen, dem Kind eine Art Spiel anbieten. Sie meinen dann, es »unterhalten« zu müssen (und an diesem »müssen« merkt man den Einfluss des elterlichen Über-Ichs, wie Freud es beschrieb). Aber meistens nutzen Eltern eine »intuitive elterliche Kompetenz«, wie Mechthild Papoušek (1996) das beschrieben hat; sie wissen einfach in erstaunlicher Genauigkeit und Feinfühligkeit, was Kinder brauchen – und sie wissen es, weil sie ebenfalls gut beobachten: was ihren Kindern in bestimmten Situationen guttut, was ein »Missgriff« war und weil sie die Fähigkeit zu »Reparaturen« aufbringen. Sie merken, wenn sie etwas falsch gemacht haben, das Kind nicht gut liegt, das Angebot zu spielen im falschen Moment kommt und durch ein anderes ersetzt werden muss oder wann das Kind in Ruhe gelassen werden sollte. Daniel Stern (2004, S. 81) formuliert es so:

> »Der entscheidende Punkt ist einfach, dass Menschen, wenn sie sich übereinstimmend mit anderen verhalten, dann in einer wichtigen Weise an der Erfahrung des anderen teilhaben. Sie leben zu Teilen aus dem Zentrum des anderen heraus [...].«

Wir leben partiell im anderen, Eltern in ihren Kindern, Kinder in ihren Eltern. So formulieren es Thomas Lewis, Fari Amini und Richard Lannon (2001) in ihrem Buch, das sie wagemutig als *General Theory of Love* betitelt haben. Der Liebende wird zum Geliebten (Flasch 2010, S. 220). Deshalb kann Freud auch sagen, dass es »nur eine Libido« gebe, »die in den Dienst der männlichen wie der weiblichen Sexualfunktion gestellt wird. Wir können ihr selbst kein Geschlecht geben« (1933, S. 141) – und das formuliert in älterer naturwissenschaftlicher Terminologie, was den Kern der Liebeserfahrung ausmacht: dass der Liebende zum Geliebten oder zur Geliebten wird. Nur soweit er das erstrebt, stellt sich die Erfahrung der Einswerdung her, die nicht Erkenntnis eines Subjekts gegenüber einem Objekt bleibt, sondern Einheit ermöglicht, aus der beide als andere hervorgehen, auch wenn sie in einem alltäglichen Sinn natürlich noch immer dieselben sind. Die Beschränkung des Selbst auf das Individuum wird hier ebenso aufgehoben wie bei anderen Erfahrungen.

Ein wichtiger Aspekt des Erlebens in der Gegenübertragung ist deshalb als »Ver-Anderung« beschrieben worden – das eigene Selbstgefühl ver-andert sich nach den unbewussten Vorgaben des anderen. Hier spürt man die Wirkung eines interaktiven Feldes sinnfällig.

Soziale Resonanz ist lebensnotwendig

Verpflanzt man ältere Menschen abrupt in eine andere Umgebung, dann haben sensible Beobachter das Gefühl, das habe zu ihrem Rückzug beigetragen, eventuell ihr Sterben beschleunigt. Joachim Bauer (2005, S. 110) erinnert an die älteren Forschungen zum Voodoo-Tod: Der soziale Ausschluss, der Entzug von gestischer und kommunikativer Teilhabe, den eine Gemeinschaft gegenüber jemandem beschließen kann, der eine heilige Vorschrift gebrochen oder ein Tabu verletzt hat, führt zum tatsächlichen Tod der Person; aus einem sozialen Tod wird biologischer Tod. Horst Kächele (1970) konnte eine Reihe von unerklärlichen Todesfällen mit solchen Situationen der sozialen Exklusion in Verbindung bringen – die lebensnotwendige soziale Resonanz war unterbrochen.

Lehrbücher der medizinischen Soziologie sind voll von Untersuchungen darüber, dass Menschen, wie etwa vor den Faschisten in die USA geflohene Italiener, dort häufiger ernsthaft erkranken und früher sterben. Soziale Resonanz ist überlebensnotwendig (Cacioppo/Patrick 2008). Bauer ist zuzustimmen, wenn er feststellt, dass es sich hierbei um drastische Beispiele dafür handelt, wie sehr soziale Verhältnisse biologische Auswirkungen haben! Meist will unser materialistisches Denken diese Kausalität verkehren.

Weil sich das Selbst über die Grenzen der Person hinaus ausdehnen kann, haben sich viele Grabbräuche nachweisen lassen, bei denen dem Verstorbenen Gegenstände mitgegeben werden, die als zum Selbst gehörig angesehen werden können, nicht nur »Nahrung« für die »Reise« – so dumm waren Völker wie die alten Ägypter nicht, dass sie nicht gewusst hätten, dass Tote nichts mehr zum Essen und Trinken brauchen. Sie wussten, dass der Individualismus nicht das letzte Wort ist. Wenn sich das Kind, wie wir beschrieben haben, die Welt durch Beobachtung, Unterscheidung und Kategorisierung erschließt, dann kann man vielleicht sagen, dass das Selbst jene Unterscheidung ist, die keine Unterscheidungen annimmt – und sich dadurch von allem anderen unterscheidet. Das Selbst wäre dann das, von dem Winnicott einmal sagte: »Zuallererst aber ist das Sein.«

Feinfühlige Eltern – und das sind zum Glück die meisten – reagieren also mit intuitiver elterlicher Kompetenz und »reparieren« kleinere und größere interaktive »Missgriffe« umstandslos, selbstverständlich und oft von ihnen selbst nicht einmal bemerkt. Jetzt können wir sagen, worauf sie reagieren: Sie reagieren auf das keimende Selbst des Kindes, das für Missgriffe eine gewisse Toleranz mitbringt. Sind deren Grenzen überschritten, tut es dies deutlich kund. Wenn Eltern darauf nun resonant antworten, kommt das Selbst des Kindes zur »Geburt«. Durch die feinfühlige Reparatur bekommt das Kind die Botschaft, willkommen zu sein. Willkommen in seinem Sein – ohne dass von ihm erwartet würde, dass es anders ist, als es ist.

Die duale Kodierung, so beschreiben es Stanley Greenspan und Stuart Shanker (2007), wird dann weiter ausgebaut. Die physiologische Wahrnehmung der Welt unterscheidet etwa zwischen »warm« und »kalt« oder »hell« und »dunkel«, die affektive Kodierung aber unterscheidet anders: *zu* warm oder *zu* hell. Aus dem, was da »zu viel« ist, bilden sich später nicht nur Mengenbegriffe, sondern darin steckt das, was Freud das Lust-Unlust-Prinzip nannte. Manche Erfahrungen sind lustvoll, schön, angenehm, andere sind es nicht. Aus dieser

Unterscheidung wächst dann im Laufe der kindlichen Entwicklung die Kategorisierung von affektiven Werten in »gut« und »schlecht« – und das ist etwas anderes als die Unterscheidung von »hell« und »dunkel«.

Auch eine nächste Unterscheidung von *zu mir gehörig* und *nicht zu mir gehörig* schließt sich daran an. Der Vorteil einer solchen Auffassung von der dualen Kodierung, wie Greenspan und Shanker (2007) beschreiben, ist, dass auch kognitive Leistungen – etwa Mengenbegriffe zu bilden – mit affektiver Erfahrung grundiert sein müssen. Es ist verkehrt, hier modularisiert zu denken, also der Vorstellung zu folgen, die kognitive Entwicklung folge in diesen frühen Stadien anderen Linien als die affektive oder soziale. So sehen es neuerdings viele Säuglingsforscher und kritisieren ältere Vorstellungen (Papoušek 1975; Kugumutziakis et al. 2005; Tronick 2007; Downing 2006; Hobson 2002).

Es gibt einen neuen Trend in der Psychologie hin zu einer *integralen Sicht*, die die ältere »modulare« Vorstellung der kindlichen Entwicklung (wie sie etwa noch bei Piaget anzutreffen war) nachdrücklich ersetzt. Jean Piaget wollte die kognitive Entwicklung unabhängig von der moralischen oder der affektiven untersuchen. In einer integralen Perspektive wird gut vorstellbar, wie Kinder das Denken und das Kausalitätsprinzip erwerben. Kinder starten schon früh Lächelinitiativen, nämlich bereits im Alter von 14 Tagen! (Kugumutziakis et al. 2005). Diese Beobachtung ist in der Literatur tatsächlich neu! Denn bislang hatte man geglaubt, dass das erste Lächeln als »social smiling« auftrete, wenn das Baby ab dem dritten Lebensmonat einfach jeden anlächelt, der sich über es beugt. Nein, es ist anders. Babys re-agieren nicht nur, sie ergreifen vielmehr die Initiative beim Lächeln und sie tun das viel früher, als man bislang angenommen hatte. Und wenn dann auf dem Gesicht der Mutter resonant ihr Lächeln erscheint, dann kann das Kind das sichere Gefühl haben, es selbst habe diesen kleinen Sonnenaufgang geschaffen!

So wie sich Kulturen unterscheiden durch die Arten, wie sie die Welt der Objekterfahrungen kategorisieren, so verschieden kann es auch bei den Individuen ausfallen. Die »psychische Instanz«, die dieses Kategoriensystem trägt, hatte Freud als »Ich« metapsychologisch bestimmt. Aber das Ich ist nicht etwas anderes als dieses Kategoriensystem, sondern es *ist* dieses System. Es als Kategoriensystem zu bezeichnen ist nur eine neue Sprechweise, die die horizontale Dimension von dessen Ausbildung verdeutlichen soll. Der Vorteil ist, dass man damit einen Blick darauf gewinnt, dass es immer auch noch ein anderes System der Kategorisierungen gibt. Dies bezeichnet die Psychoanalyse als Unbewusstes, denn wer etwas *als* etwas »sieht«, muss zugleich ignorieren, dass man es auch immer ganz anders sehen kann.

Kategorisierung versus Offenheit in der Psychotherapie

Das Unbewusste trifft andere Unterscheidungen als unsere bewussten Kognitionen es tun. Es hält es mit den zeitlichen Kategorien von Vergangenheit, Gegenwart und Zukunft nicht so genau und auch nicht mit den logischen Kategorien wie dem Satz vom ausgeschlossenen Dritten. Es teilt sich, wie man mittlerweile recht gut weiß, nicht nur in Träumen mit, sondern auch horizontal im Medium der Gesten (Broaders et al. 2007; Butcher/Goldin-Meadow 2000; Gentner/Goldin-Meadow 2003; Goldin-Meadow 2003; McNeill 2000, 2007; McNeill/Duncan 2000).

Wenn also Kinder schon so fleißige Beobachter ihrer Welt sind, ja gar nicht anders können, während sie sich entwickeln, dann kann man verstehen, was in den Beispielen von Ben Hur oder in der von Freud beschriebenen Beziehung zwischen Eltern und Kindern vor sich ging. Kinder beobachten. Sie studieren ihre Eltern und ihre Welt und sie lernen jene Kategorisierungen, die ihnen die Erfahrung, dann die Eltern beibringen. Sie lernen auch den Unterschied zwischen den Worten und zwischen den Handlungen und Verhaltensweisen wie Gesten. So kann man sich erklären, was im Ben-Hur-Beispiel passierte.

In der Behandlungsgeschichte der »Dora« gibt Freud genau diesen Hinweis, als er bemerkt, dass die Sterblichen kein Geheimnis für sich behalten können. Wer den Mund verschließe, der »schwätze mit den Fingerspitzen«, formuliert er da und stellt fest: »aus allen Poren dringt ihm der Verrat«. Das ist drastisch gesprochen, aber dann auch wieder nicht so sehr. Die schweigsame Dora nestelt nervös mit den Fingern an ihrer Handtasche herum. Freud spricht zwar davon, dass in der analytischen Behandlung nichts anderes vor sich gehe als ein »Austausch von Worten«, aber daraus darf man nicht schließen, er wolle alles andere als Worte ignorieren. Nein, er betont vielmehr, dass keine Zauberei im Spiel ist, keine hypnotische Magie oder schwarze Kunst aus den Zeiten des Hypnotiseurs Franz Anton Mesmer, der die Menschen eine Generation vor Freud in ganz Europa aufgeregt hatte mit seiner Theorie vom *Fluidum*, das die Hypnotisierten ergreife. Freud ist Rationalist und will zeigen, dass nichts geschieht, was man nicht erklären könne. Das ist mit »Austausch von Worten« gemeint.

Freud ist ein genauer Beobachter. Und da beobachtet er eben, was die Hände machen, während jemand schweigt, oder wohin die Blicke gehen oder dass jemand errötet oder dass einem jungen Mann, just in dem Augenblick, als der gerufene Arzt an sein Bett tritt, ein Missgeschick mit seinem Essen passiert: Er verkleckert die Bettdecke mit dem Eiweiß, das ihm vom Löffel gleitet. Freud übersieht das nicht. Er tut nicht so, als hätte es keine Bedeutung. Wäre er ein Therapeut, wie ihn sich manche heute leider wünschen, nämlich nur an klassifizierbarer »Störung« und an deren »Beseitigung« durch eine »Intervention« interessiert, dann hätte er sich für alle diese kleinen und so flüchtigen Momente gar nicht interessiert, denn die sind ja nicht die »Hauptsache«, wie sie in den diagnostischen Kategoriensystemen beschrieben werden.

So würden sich viele heute tatsächlich verhalten und damit ihren Manualen und ihren Leitlinien genauestens folgen. Dabei würden sie natürlich gerade das, worauf es ankommt, die horizontale Dimension des Unbewussten, verfehlen. Armin Koerfer und Karl Köhle (2009) haben das anschaulich gezeigt: Ärzte unterbrechen nach ca. zwanzig Sekunden ihre Patienten, um die Gesprächsinitiative zu übernehmen und mit Fragen auf das zu lenken, was *sie* für die Hauptsache halten. Freud hingegen will mit diesen Beispielen vom verkleckerten Eiweiß zeigen, dass er noch nicht wissen kann, was die »Hauptsache« ist, er ist sich solcher Unterscheidungen noch gar nicht so gewiss.

Viele Therapeutinnen und Therapeuten folgen der Vorstellung, dass es in dem, weshalb Patienten zu ihnen kommen, eine Hauptsache gebe (die Störung, das Problem, die Symptome) und dass alles andere als »Nebensache« behandelt werden könne. Dementsprechend verhalten sie sich: Sie unterteilen das Gehörte in zwei Kategorien. Auch hier sehen wir, dass Unterscheidungen getroffen werden (Hauptsache und Nebensache) und wie diese in Kategorisierungen formuliert werden. Das aber behindert oder verhindert die Wahrnehmung des Unbewussten!

Freud verhält sich viel offener und möchte mit seinen behandlungstechnischen Anweisungen erreichen, dass Psychoanalytiker das ebenfalls tun. »Offen« heißt, der Empfehlung zu folgen, sich zurückzuhalten mit vorgefassten Kategorisierungen und abzuwarten, bis sich das Material »von selbst ordne«. Das ist natürlich schwierig formuliert, weil sich nichts von selbst ordnet. Dennoch kann man die Erfahrung machen, dass man plötzlich einen Gesichtspunkt entdeckt, der einem die Dinge aus einer neuen, frischen und noch nie eingenommenen Perspektive zeigt.

Nach einer solchen Erfahrung kann man beinahe »süchtig« werden. Danach suchen nicht nur Psychoanalytiker, sondern auch gute Kriminalkommissare. Oder Rechtsanwälte, die sich einer Sache annehmen. Oder Familientherapeuten, deren Fähigkeit, einer verfahrenen Situation einen humorvollen Aspekt abzugewinnen, ein kurativer Faktor erster Ordnung ist. Oder Lehrer, die nicht berechenbar nach Schema F verfahren wollen. Sich »offen« zu halten in dem beschriebenen Sinne ist sogar eine nicht unwesentliche Burnout-Prophylaxe: Man bewahrt sich sein frisches Interesse und schützt sich davor, immer nur »dasselbe« zu erkennen.

Warum empfiehlt Freud diese behandlungstechnische Haltung?

Er *weiß* zu Beginn nicht und kann es nicht wissen, was Haupt- und Nebensache ist, und stellt sich so ein, dass kleine, flüchtige Geschehnisse schließlich auch »Hauptsache« sein könnten! Jetzt verstehen wir, was er mit der Empfehlung der *gleichschwebenden Aufmerksamkeit* meinte: dass man sich beim analytischen Zuhören vorgefasster Kategorisierungsaktivität enthalten solle (vgl. Gödde/Zirfas 2006)!

Das zu empfehlen, war tatsächlich klug. Mittlerweile wissen wir ganz gut, dass es manche Menschen gibt, die sich zum Selbstschutz an die »Hauptsache« halten und versuchen, tatsächlich nicht *mehr* zu erzählen, als das, was sie meinen, was ein Therapeut hören möchte (vgl. Matos et al. 2009). Darin drückt sich eine bestimmte Art der Beziehungsaufnahme von Menschen aus, die sich schützen wollen und nur von dem erzählen, von dem sie meinen, dass der andere es hören will (»soziale Erwünschtheit«). Sich an die Hauptsache zu halten fordert ihnen ein großes Maß an Selbstkontrolle ab. Ihnen versuchen Analytiker zu helfen, indem sie dazu ermutigen, solche Kontrolle auch wieder zu lockern. Die Lockerung bezieht sich auf eine allzu starre Kategorisierung. Klinisch sprechen wir davon, dass sie sich mehr dem Unbewussten öffnen sollen. Doch muss auch diese Empfehlung im Laufe einer Behandlung gleichsam »an der richtigen Stelle« gegeben werden und dafür braucht ein Therapeut Sinn für – Resonanz.

Freud macht mit dieser offenen Haltung die Erfahrung, dass sich das Unbewusste mitteilt – aber eben flüchtig, in kleinen Nebensächlichkeiten, die sich auch kaum experimentell reproduzieren lassen, für die es aber lohnt, aufmerksam zu bleiben.

Mit einer solchen Haltung bleiben wir im Grunde wie ein Kind. Kinder verstehen die Welt noch nicht so, wie Erwachsene sie verstehen. Erwachsenwerden bedeutet in mancherlei Hinsicht, eben jene Kategorisierungen zu übernehmen, die bei den Erwachsenen einer Kultur gelten. Das Märchen von des Kaisers neuen Kleidern hält dazu seit vielen Jahren die

Lehre bereit, dass solche Übernahme eigentlich Konformismus ist. Alle glauben, was alle anderen auch glauben – dass dem Kaiser so schöne fein gewebte Kleider von den beiden Betrügern gewebt worden sind, dass ein normales menschliches Auge sie gar nicht erblicken könne. Als der Kaiser in seinem Hofstaat dann durch die Straßen reitet, ruft nur das Kind, dass er nackt sei – und plötzlich öffnet dieser Ruf allen anderen die Augen. Das Kind hat sich den sozialen Üblichkeiten, den bei Hofe verlangten Kategorisierungen, noch nicht anbequemt, es sieht, was es sieht, und sieht, was die anderen nicht sehen.

Kategorisierungen sind zwar Angelegenheiten eines Über-Ichs, bleiben aber dennoch oft unbewusst. Sie steuern unsere Art, wie wir die soziale Welt auffassen. Dabei hat das Wörtchen »als« eine enorme Bedeutung. Die Mitglieder des Hofes sehen den Kaiser »als« bekleidet, das Kind sieht ihn »als« nackt. Was zwei Ehepartner miteinander lautstark aufführen, wird von Umstehenden »als« Streit aufgefasst, aber diese beiden meinen vielleicht, das sei »nichts als« eine Meinungsverschiedenheit. Patienten auf der Couch kategorisieren manche Gedanken *als* nicht zur Sache gehörig und Freud regt *als* Grundbestandteil der Behandlung an, diese Kategorisierungen aufzugeben.

Eine solche Sicht vermittelt eine Idee von dem, was mit »gleichschwebender« Aufmerksamkeit gemeint ist. Zu sehen, was man sieht. Nicht, was man sehen soll oder zu sehen immer schon gewohnt ist. Freud ist tatsächlich der Meinung, dass Kinder auf diese Weise wahrnehmen, und deshalb schreibt er auch in der *Neuen Folge der Vorlesungen zur Einführung in die Psychoanalyse*, dass Kinder sich keineswegs an dem orientieren, was die Eltern ihnen an bewussten Erziehungsabsichten angedeihen lassen. Dieser »ghost in the nursery«, dieser »Geist während der Kinderpflege« ist mittlerweile ganz gut untersucht worden (Fonagy 1991). Wir wissen, dass elterliche Bindungsmuster an Kinder weitergegeben werden. Wir wissen auch einiges darüber, wann das nicht der Fall ist, und was Eltern tun können, um solche Weitergaben von beschämenden oder beschädigten Erfahrungen zu reflektieren. Freud gehörte zu den Ersten, die diese Beobachtung überhaupt gemacht und festgehalten haben.

Das Unbewusste ist ein soziales Resonanzorgan. Als Dimension des Sozialen, des Zwischenmenschlichen hat es nicht weniger an Tiefe als die vertikale Dimension, die von vielen für das Wesentliche an der Psychoanalyse genommen wird.

Die doppelte Verortung von Tiefe

Tiefe liegt nicht allein »unten«, in der Tiefe des »frühen« Subjekts, sondern an der konversationellen und interaktiven Oberfläche. Es war die Vermutung des Zürcher Psychoanalytikers Olaf Knellesen und Kollegen (2003, S. 15), dass die »tiefere Deutung« dort zu finden sei, »wo man sie nicht vermutet: auf der Oberfläche selbst«. Das ist lacanianisch inspiriert. Dieser bedeutende Franzose, Lacan, bestand darauf, dass die Sprache es sei, die das Unbewusste mitteile. Wir können nur die winzige Korrektur anbringen, dass es das »Sprechen« ist, also die resonante Konversation zwischen Beteiligten.

Die »Baby-Sprache« der »tiefen Deutung« ist somit keineswegs etwas, was »hinter« der Oberfläche der Gegenwart eine andere, tiefere und frühere Realität »erfasst«, sondern nur besonderes Ausdrucks- und Beschreibungsmittel für diese erlebte Oberfläche. Es ist Tiefe, die durchaus in die Tradierung zwischen den Generationen zu reichen in der Lage ist. Es ist Tiefe, die Dimensionen des Zwischenmenschlichen erlebbar und erfahrbar macht, die meist »ex-kommuniziert« (Lorenzer 1970), also verdrängt werden. Es ist eine Dimension der Tiefe, die nicht »dort und damals« aufgesucht werden muss, wenn man mal für ein Freistündchen den Alltag verlässt, sondern eine immer präsente Dimension. Es ist die Tiefe des Präsenz. Nicht »hinter« den Ereignissen oder »hinter« der Sprache als »Ursache«, sondern »im« Sprechen, im Reden mit Worten und Gesten und Stimme und mit dem Körper und als Person.

Die Tiefe des horizontalen Unbewussten ist nicht »unten«, sondern an der Oberfläche. Das Unbewusste teilt sich mit, es muss nur resonant vernommen werden. Auch Theodor W. Adorno etwa hatte in *Philosophische Terminologie I* (1973, S. 182) darauf verwiesen, dass das Werk von Marcel Proust »Tiefe« habe, gerade *weil* es Oberflächen beschreibt. Anzuerkennen, dass es Tiefe an der Oberfläche gibt, dass das Unbewusste nicht nur biografisch, nicht nur »früh«, sondern in der Gegenwärtigkeit des Gesprächs, *in* der Konversation lokalisiert werden muss, könnte die Verbindungszugänge zwischen Psychoanalyse und anderen Forschungen wieder öffnen – ohne Verlust an Tiefe und ohne Verlust an Erklärungskraft. Wir können uns gut vorstellen, dass mit einer solchen doppelten Verortung von Tiefe neue Erkenntniskräfte für das psychotherapeutische Gespräch in der Zukunft gefunden werden.

Gehen wir nun einen Schritt weiter und halten fest, dass es solche Resonanz gibt, und fragen wir, wie sie im therapeutischen Kontakt genutzt werden kann. Eine Bemerkung Freuds aus seinem späteren Lebensabschnitt sei zitiert:

> »Was zwischen den beiden seelischen Akten liegt, kann leicht ein physikalischer Vorgang sein, in den sich das Psychische an einem Ende umsetzt und der sich am anderen Ende wieder in das gleiche Psychische umsetzt. Die Analogie mit anderen Umsetzungen wie beim Sprechen und Hören am Telephon wäre dann unverkennbar. Und denken Sie, wenn man dieses physikalischen Äquivalent des psychischen Akts habhaft werden könnte! Ich möchte sagen, durch die Einschiebung des Unbewußten zwischen das Physikalische und das bis dahin ›psychisch‹ Genannte hat uns die Psychoanalyse für die Annahme solcher Vorgänge wie die Telepathie vorbereitet. Gewöhnt man sich erst an die Vorstellung der Telepathie, so kann man mit ihr viel ausrichten, allerdings vorläufig nur in der Phantasie. Man weiß bekanntlich nicht, wie der Gesamtwille in den großen Insektenstaaten zustande kommt. Möglicherweise geschieht es auf dem Wege solch direkter psychischer Übertragung. Man wird auf die Vermutung geführt, daß dies der ursprüngliche, archaische Weg der Verständigung unter den Einzelwesen ist, der im Lauf der phylogenetischen Entwicklung durch die bessere Methode der Mitteilung mit Hilfe von Zeichen zurückgedrängt wird, die man mit den Sinnesorganen aufnimmt. Aber die ältere Methode

> könnte im Hintergrund erhalten bleiben und sich unter gewissen Bedingungen noch durchsetzen, zum Beispiel in leidenschaftlich erregten Massen« (1933, S. 59f.).

Diese Stelle aus Sigmund Freuds Spätwerk macht seine Art zu denken klar erkennbar. Er nimmt an, dass im Laufe der Evolution unterschiedliche Wege der Kommunikation entwickelt wurden, die etwa den Gesamtwillen in Insektenstaaten steuern. Das ist heute etwas aufgeklärter, wenn auch keineswegs bis in die letzten Feinheiten; ein wichtiges Stichwort heißt hier Geruch und Pheromone, und neuerdings untersucht man Schwärme (Ameisen, Fische, Vögel) als ein epistemisches Vorbild dafür, wie man sich Kollektive ohne dirigistisches Zentrum denken könne (Horn/Gisi 2009). Bei den Bienen sieht die Sache anders aus, da gibt es offenbar bereits eine Kommunikation über Zeichen, nämlich getanzte Figuren, wie wir seit den Untersuchungen von Karl von Frisch aus den 1930er Jahren wissen. Bei den Menschen operiert dieser Kommunikationsmodus ebenfalls noch, etwa wenn Doras nervöse Fummelei an ihrer Handtasche von Freud beobachtet wird.

Eine neuere Studie nimmt den Gedanken einer telepathischen Kommunikation auf, für den Freud sich offenhielt. Der mexikanische Neurowissenschaftler Jacobo Grinberg-Zylberbaum und seine Mitarbeiter (1994) machten ein Aufsehen erregendes Experiment. Sie baten zwei Versuchspersonen, die sich nicht kannten, aber sich sympathisch waren, sich eine Weile miteinander zu unterhalten, und zwar so lange, bis sie ein Gefühl hätten, dass das Band der Sympathie zwischen ihnen gewachsen sei, dass sie »auf der gleichen Wellenlänge funken« und wie man solche Erfahrungen noch ausdrücken könnte. Dann brachten sie jede Versuchsperson in einen Faraday-Käfig. Das sind Käfige mit einem Metallgitter, durch das zwar Luft und Licht dringen, nicht aber elektromagnetische Wellen. Ein Auto wirkt als ein solcher Faraday'scher Käfig. Bei einem Blitzeinschlag breiten sich die elektromagnetischen Wellen um das Auto herum aus und dringen nicht ein.

In einem solchen Käfig saß nun jede der Personen, und die Käfige selbst standen in getrennten Räumen, sodass auch kein Blickkontakt möglich war. Beide Versuchspersonen hatten Elektroden am Kopf angebracht, damit Ableitungen der elektromagnetischen Aktivitäten des Gehirns (EEG) möglich waren. Jetzt wurde einer Versuchsperson stroboskopisches Licht gezeigt, so flirrend und flatternd, wie es die meisten aus Diskotheken kennen. Dieses Licht erregt bestimmte Hirnareale, was auf dem EEG der Versuchsperson auch gut zu erkennen war. Aber interessanterweise fanden sich ähnliche Aktivitätsmuster des EEG dann auch bei der zweiten Versuchsperson, die diesem Licht nicht ausgesetzt war!

Gleiche Ergebnisse gab es auch, wenn man der einen Versuchsperson affektiv erregende Geschichten vorlas; dann fanden sich vergleichbare Aktivierungen des Gehirns bei der anderen Versuchsperson, zu der doch keinerlei physikalische Verbindung durch elektromagnetische Wellen oder Akustik oder Licht bestand. Hinzu kam das Verwirrende, dass sich diese seltsame Verbindung zwischen den beiden Versuchspersonen nur fand, solange sie angaben, sich miteinander in Verbindung zu fühlen.

Dies Experiment hat die physikalische Welt einigermaßen aufgeregt. Es gibt unseres Wissens bisher keine Replizierungen. Aber es gibt einige renommierte Autoren, die es ernsthaft diskutiert haben (etwa Thaheld 2004a und b). Sie werfen den Experimentatoren vor, dass sie noch im Paradigma der »klassischen« Physik dächten und neurowissenschaftlich viel zu eng. Der Vorwurf lautet, dass die Experimentatoren nicht genügend von der Quantenphysik verstünden, denn für diese sei ein solcher experimenteller Befund deutbar! Die Quantenphysik kennt Informationsvorstellungen, wie sie übrigens technisch vielfach schon verwendet werden, die über die Idee von Informations-»Kanälen« hinausgeht. Sie stellt sich eher vor, dass Information immer und an jedem Ort vollständig vorhanden ist, aber nur als Möglichkeitsform. Realisiert werden Informationen durch die »Messung«, also durch die »Abfrage«. Und dann können eben Photonenteilchen trotz vieler Lichtjahre Entfernung voneinander dennoch den gleichen »Spin« haben – im gleichen Augenblick, ohne dass man zeitliche Übermittlung einrechnen müsste.

Wir wollen nicht weiter in diese Diskussion der Quantenphysik einsteigen, dazu fehlt uns die Kompetenz. Aber wir wollten darauf verweisen, dass Kundige (Cramer 1996; Görnitz/Görnitz 2002, 2005a und b, 2008; Stein 2005; Randall 2006), von denen einige der Psychoanalyse nahestehen, solche Befunde durchaus für möglich halten. Aber wir wissen auch, dass hier abgewartet werden muss. Noch jedenfalls ist die Psychoanalyse hierzu auf Denkanregungen angewiesen. Diese kommen auch aus einer weiteren Quelle, die in den letzten Jahren für Furore gesorgt hat.

Die Entdeckung der Spiegelneuronen

Seitdem die beiden Neurowissenschaftler Giacomo Rizzolatti und Vittorio Gallese die sogenannten Spiegelneuronen entdeckt haben, scheint eine neurowissenschaftliche Basis für die hier angesprochene Dimension des horizontalen Unbewussten gefunden zu sein. Obwohl auch hier eine ganze Reihe ungelöster Probleme bestehen, sowohl empirischer als auch konzeptuell-theoretischer Art, wollen wir einige Aspekte herausgreifen. Noch ohne von Spiegelneuronen zu wissen, hatte Friedrich Cramer (1996, S. 119) in seinem *Versuch einer allgemeinen Resonanztheorie* diese Schwierigkeiten vorausschauend so formuliert:

> »Die Wechselwirkung zwischen Zellen, der Informationsfluß von einer Zelle zur anderen, das Gespräch zwischen Zellen ist heute *das* Thema der Wissenschaft. Aber es ist ein so unglaublich komplexes, verschachteltes und interdisziplinäres Thema, daß man fast nicht wagt, es aufzugreifen. Interdisziplinär ist es, weil man die Wissenschaften der Chemie benötigt, um Konzentrationen von Hormonen, Genprodukten oder Transmittern in unglaublich geringer Konzentration zu messen. Physiologie ist es, weil ein Gesamtorganismus sich in physiologischen

> Funktionen manifestiert. Embryologie ist es, weil beim Wachsen aus einer Zelle über den Embryo der Gesamtorganismus gebildet wird. Hirnforschung ist es, weil im zentralen Nervensystem eine riesige Zahl (10^{11}) Nervenzellen über vielfache Synapsen miteinander verschaltet sind. Psychologie ist es, weil die Funktionen unserer Psyche auf diese Weise gesteuert werden. Und Naturphilosophie ist es, weil bei all diesen Wechselwirkungen nicht nur quantitative Phänomene auftreten, sondern qualitativ *Neues* auftritt.«

Vielleicht sind die Probleme der Psychologie komplexer, weil sie mit den Messmethoden der Naturwissenschaften nicht zu erfassen sind; dennoch macht ein ausgewiesener Molekularbiologe von Rang hier klar, dass die Komplexität eines Themas wie »Spiegelneurone« auch darin gesehen werden muss, dass nicht einmal *genau* klar ist, in die Zuständigkeit welchen Fachgebiets es fällt. Wagen wir einen Versuch.

Spiegelneuronen – das sind für unser Thema der sozialen Resonanz zuständige Neuronen. Sie wurden bisher in vier Regionen des Gehirns gefunden:

1. im ventralen prämotorischen Cortex (Areal F5),
2. im Sulcus temporalis superior (STS), Areal V5,
3. im Areal 7b,
4. in der Amygdala.

Allerdings decken sich diese Regionen nicht mit denen des Gehirns, bei denen bisher *höhere* soziale Vorgänge beobachtet wurden, wenn nämlich komplexere empathische oder antizipierende Leistungen erwartet wurden. Dann ist der Gyrus praefrontalis aktiviert, bei dem bislang keine Spiegelneuronen nachgewiesen werden konnten.

Spiegelneuronen sind Mitte der 1990er Jahre durch einen Zufall im Labor der beiden genannten Neurowissenschaftler Rizzolatti und Gallese in Parma entdeckt worden (vgl. Iacoboni 2008). Ein Schimpanse mit einer Elektrode in seinem Kopf und auf einem Stuhl angeschnallt, beobachtete einen anderen Schimpansen, wie der nach einer Banane griff – und bei dem beobachtenden Tier schalteten sich genau jene Hirnareale an, die für »Essen« und »Banane« bereits bekannt waren. Der Beobachter empfindet mit und man konnte das jetzt sogar auf leuchtenden Bildschirmen sehen.

Das Phänomen ist weit länger schon bekannt und wurde in älteren Lehrbüchern der Psychologie unter dem Titel der »Ideomotorik« behandelt. Man muss nur daran denken, jemanden auf einem Bahnsteig zu beobachten, wie der sich mit einem schweren Koffer abschleppt – schon kann man merken bzw. im Experiment nachweisen, dass sich die entsprechenden Muskelgruppen beim Beobachter ebenfalls anspannen. Das Muskelenzephalogramm (MEG) kann das dokumentieren. Und wenn man beim gemeinsamen Kochen in der Küche mitbekommt, wie sich jemand mit dem Messer in den Finger schneidet, durchfährt einen für einen Moment genau jener Schmerz, den sich der andere gerade zugefügt hat – dann schalten wir diese Reaktion ab.

Das Verstehen von Intentionalität

Vittorio Gallese, der Psychoanalytiker Morris Eagle und der Neurowissenschaftler Paolo Migone haben einen gemeinsamen Text über solche Resonanzen verfasst (vgl. Gallese et al. 2007). Die »Einstimmung« zwischen Eltern und Säuglingen hatte man schon länger als »attunement« beschrieben, aber die fatale Neigung, solche Dinge immer nur für »früh« oder gar für »primitiv« zu halten, hatte zur Folge, dass der abgrenzende Individualismus als die einzig richtige und reife Form des Erwachsenseins galt – und wo es Attunement bzw. Resonanz im Erwachsenenleben gab, beobachtete man es einfach nicht oder verurteilte es als »unreif« bzw. »regressiv«. Von diesen negativen Kategorisierungen, von solchen Pathologisierungen wollen wir uns frei halten und sprechen deshalb nicht nur vom frühkindlichen Attunement, sondern vom allgemeinen Phänomen der sozialen Resonanz. Das wollen auch die genannten Autoren, die über interessante Experimente berichten.

Wieder wurden zwei Schimpansen zusammengebracht, von denen das eine Tier handelte, während das andere es beobachtete. Das handelnde Tier konnte ein Gefäß mit einem leckeren Getränk auf einem hohen Tisch erblicken, auf den es aber erst steigen konnte, nachdem ein Stuhl herangeschafft, eine Tasse herbeigeholt und ein leicht komplizierter Verschluss an dem Gefäß geöffnet war – diese Gesamthandlung dauerte etwa 8–10 Sekunden. Aber schon von dem kurzen Augenblick an, an dem der Beobachter den Blick des Handelnden auf Gefäß und Getränk fallen sieht, leuchten in seinem beobachtenden Gehirn jene Areale auf, die für »Trinken aus einer Tasse« zuständig sind! Lange also bevor die eigentliche Handlung überhaupt vollzogen wird, erkennt der Beobachter die Absicht, errät sie richtig und »geht mit«, wie das Aufleuchten seiner Spiegelneuronen dokumentiert. Das ist das Intentionale an dieser Art von Resonanz. Eine ungemein wichtige Beobachtung!

Auch aus anderen sinnreich erdachten Experimenten wissen wir, dass schon kleine menschliche Kinder um den 14. Lebensmonat herum – wahrscheinlich aber noch früher – in der Lage sind, Intentionen von Erwachsenen richtig zu erraten. Andrew Meltzoff et al. (1999) haben das klassische Experiment dazu erdacht.

Man stellt vor dem Kind auf einen Tisch ein paar Spielmaterialien auf, zum Beispiel einen Stab und Holzringe, die das Kind kennt und von denen es weiß, dass man die Ringe auf den Stab schieben kann. Das Material liegt außerhalb seiner Reichweite. Ein Experimentator kommt herein und versucht, die Ringe auf den Stab zu schieben – und scheitert (absichtlich!). Dabei stößt er Laute des Missbehagens aus und verlässt nach kurzer Zeit den Raum. Was tut das Kind? Es nimmt das Material und steckt die Ringe richtig auf die Stange.

Das ist deshalb bemerkenswert, weil es nicht mit einer Theorie des Imitationslernens erklärt werden kann, denn das Kind tut gerade etwas, was es *nicht* hat *sehen* können. Es tut etwas, von dem es weiß, dass es die (gescheiterte) *Absicht* des Versuchsleiters war. Es muss bereits eine Unterscheidung zwischen dem äußerlich sichtbaren Verhalten und den nur erschließbaren (unsichtbaren) Absichten getroffen haben. So folgern die Autoren und andere sind ihnen darin gefolgt.

Zeigt man Kindern, wie ein Erwachsener eine magische Oberfläche auf einer kleinen Box mit seiner Stirn bedient, um ein Licht ein- oder auszuschalten, folgen sie ihm darin nach. György Gergely und Gergely Csibra (2005) überlegen nun, dass ein Kind einen Grund vermutet, warum der Erwachsene seine Hände nicht benutzt – und dass die Benutzung der Hände irgendwie nachteilig wäre. Die Imitation folgt also mit der Stirn.

Bindet man aber dem Erwachsenen die Hände so auf den Rücken, dass das Kind die Fessel deutlich sehen kann, dann imitieren schon 14 Monate alte Säuglinge den Erwachsenen, der weiter mit der Stirn den magischen Lichtschalter anstupst, nicht mehr. Sie betätigen nun die Oberfläche der Box, die das Licht einschaltet, mit der Hand! Sie müssen irgendwie bemerkt haben, dass einfache Imitation nicht sinnvoll sein könnte, denn ihre Lage und die des Erwachsenen waren ja ganz verschieden. Aber der *Sinn* der Handlung selbst bleibt erhalten. Nachahmung oder nicht – das ist, wie man hier sehen kann, kein Naturvorgang, sondern gebunden an die entsprechenden Unterscheidungen, zu denen bereits die 14 Monate alten Kinder in der Lage sind. Peter Fonagy und Mary Target (2007) haben über solche Experimente zusammenfassend berichtet.

Kehren wir zu den Schimpansen zurück. Wie lässt sich erklären, dass das beobachtende Tier das, was erst später geschieht, schon weiß? Seine neuronalen Areale lassen keinen Zweifel – aber wie genau geht das?

Hilfreich ist die Annahme, dass die Intention des handelnden Tieres durch den Beobachter erraten wird. Das Erraten der Intention erbringt einen mächtigen Zeitvorteil. Man weiß schon, was der andere vorhat, bevor der es überhaupt tatsächlich ausgeführt hat. Der Schritt vom beobachtbaren Verhalten zur (unsichtbaren, aber erschließbaren) Absicht folgt einem Prinzip, das den lateinischen Namen des *pars pro toto* erhalten hat. Man beobachtet einen Teil (den Blick auf die Tasse) und weiß um das Ganze (was der Handelnde vor hat). Man sieht, was der andere gerade versucht und weiß, was er später tun wird. Man sieht den Gesichtsausdruck des anderen und weiß, dass er eine Äußerung unterdrückt.

Wenn ein solches Erraten von Intentionen schon sehr kleine Kinder können, dann ist es nicht schwer, auf ältere Kinder hochzurechnen: Das Kind sieht, wie der Vater den Hut nimmt, und weiß, gleich knallt er die Tür zu und verschwindet zur Kneipe, aus der er Stunden später betrunken wiederkehren wird. Ein jüngeres Kind sieht, wie die Mutter das Fläschchen mit der Hand an die Wange führt, um dessen Wärme zu prüfen, und weiß, gleich bekommt es zu trinken.

Intentionalität antizipiert Handlungsgestalten und deren zeitliche Verlaufsstruktur.

Man braucht also nicht die *ganze* Handlungsgestalt zu kennen, sondern es genügt ein Anfang – der »steht für« das Ganze der Gestalt. Ist das erst einmal entdeckt, kann man sich auf die weitere Handlung einstellen, deren Verlauf einschätzen, sich entsprechend positionieren und vorbereiten, sich schützen oder sich freuen. Das Pars-pro-Toto-Prinzip überholt für wenige Augenblicke gleichsam die Zeit und das bringt nicht geringe Vorteile.

Das machen Erwachsene in der Sprache nicht viel anders. Jeder kennt Formeln wie: »Kennst du den schon?«, und weiß, jetzt soll ein Witz erzählt werden. »Weißt du, was Karl neulich passiert ist?« ist Teil der Intention, eine längere Geschichte zu erzählen. Da kann man immerhin mit Nein reagieren und sogar mit »Ich will es jetzt auch nicht wissen«. Ein »Ach!«, begleitet von einer wegwerfenden Handbewegung, ist Teil einer Handlung, die nicht ausgeführt wird, weil die sozialen Rücksichten das verhindern – und dennoch ist es mitgeteilt und verstanden worden. Wenn in einem Gespräch jemand sagt: »den Uli, den ich vom Studium her kenne«, dann führt er eine bestimmte Person ins Gespräch ein, kategorisiert sie *als* Studienbekanntschaft und deponiert dies Wissen im Gedächtnis seiner Zuhörer. Er kann jetzt wissen, dass sie das wissen. Würde er bei der nächsten Erwähnung von Uli erneut hinzufügen, »den ich vom Studium her kenne«, hätte das Folgen, die Zuhörer würden die Augenbrauen hochziehen. Wenn wir hier nur von »Galleses Experiment« sprechen, dann erwarten wir, dass die Leser sich dabei erinnern, was gemeint ist, das Experiment zum Pars-pro-Toto-Prinzip.

Deshalb können wir jetzt anfügen, dass dies Prinzip sich nicht nur in vorsprachlichen Beobachtungen dokumentiert, sondern in der Sprache selbst. Wir sagen etwa »1968« und dabei entsteht ein bestimmtes Bild der politischen Ereignisse jener Zeit. Die Jahresangabe »steht für« eine ganze Zeit- bzw. Generationenerfahrung. Wir lesen in der Zeitung: »Paris und Berlin sind sich einig, dass …«, und wissen, es sind nicht die Städte, sondern ganze Regierungsapparate gemeint. Überall in diesen Wendungen nutzen wir das Pars-pro-Toto-Prinzip für die Darstellung einer komplexen Handlungsgestalt. Der ausgesprochene Wortteil »steht für« das Gesamt der gemeinten, aber nicht vollständig formulierten Handlungs- und Bedeutungsgestalt.

Eine Figur des »steht für« nennt man, wenn sie in der Sprache vorkommt, eine *Metonymie* (Borbely 2008). Wir können jetzt erkennen, die Figur der Metonymie kommt bereits in vorsprachlicher Verständigung und in subhumaner Beobachtung von Schimpansen untereinander vor, und man kann sie neurowissenschaftlich dokumentieren. Es war kein Geringerer als Wilhelm von Humboldt, der in seiner Sprachtheorie von 1836 bereits den Gedanken formulierte, dass die sogenannten Einwortsätze der Kinder vollständige Sprechakte seien. Sie können den ganzen Satz noch nicht *sagen*, aber das eine Wort »steht für« ihn so, wie die Geste des Zeigens ebenfalls für das ganze Muster steht. Das Ganze ist nicht nur mehr, sondern auch früher als seine Teile. Das Muster ist eine Situationsgestalt, die aufgrund der »Steht-für«-Beziehung sicher erschlossen werden kann.

Das »steht für« wird noch weiter ausgebaut. Wenn wir im Lokal den Kellner rufen: »Kann ich zahlen?«, vollbringt er eine kleine hermeneutische Meisterleistung: Er versteht die deutlich formulierte Frage als Aufforderung und vollzieht die erwartete Handlungsgestalt, tritt an den Tisch und zückt den Rechnungsblock. Wenn Kinder zueinander sagen: »Du bist jetzt aber mal der Räuber«, dann zeigen die kleinen Partikeln »aber«, »mal« und »jetzt« an, dass die nachfolgende Handlung *als* Spiel kategorisiert werden soll. Würde ein Kind zum anderen sagen: »Du bist der Räuber!«, hätte das fraglos eine andere Bedeutung. Kategorisierung und Metonymie greifen hier erkennbar ineinander, auf sprachlicher wie auf vorsprachlicher Ebene.

Schon als Kinder beziehen wir uns resonant auf ein gemeinsames Weltwissen, setzen es voraus und erwarten selbstverständlich, dass ein Hörer zu verstehen gibt, wenn er nicht weiß, was gemeint ist. Wir sind in einer »gemeinsamen Welt«, und wenn jemand aus ihr fällt, weil er etwa nicht weiß, was »1968« bedeutet, dann erwarten wir, dass er das kundtut, und sind bereit zu »Reparaturen«. Just so, wie Reparaturen zwischen Müttern und Säuglingen so detailreich längst dokumentiert sind. Nur – in unserer alltäglichen Konversation entzieht sich uns bislang noch diese genaue Beobachtung. Aber auch hier haben genaue Analysen längst gezeigt, dass die Mitteilung des Psychoanalytikers Michael Balint stimmt: Wir wissen als Therapeuten mehr über unsere Patienten, als wir *sagen* könnten.

Woher stammt eine solche Beobachtung? Michael Balint hatte winzige Details sorgfältig beobachtet, so wie Freud, wenn er ans Bett seines jugendlichen Patienten trat, der gerade ein Ei auf die Decke verkleckert hatte. Dass Therapeuten diese Dinge wissen, hat sich in Studien von Supervisionen gut dokumentieren lassen (Buchholz 2010a; Buchholz et al. 2000; Buchholz/von Kleist 1997) und soll hier nicht wiederholt werden. Hier genügt es, sich klarzumachen, dass ein solches »Mehr« etwas ist, was nicht dem *verfügenden* Wissenwollen dient, sondern sich nur einstellt, wenn der Therapeut seine Resonanzfähigkeiten entwickelt, wenn er den wahrnehmenden »Spiegel« gut geputzt hat. Und es liegt nicht in den großen Linien einer biografisch-anamnestischen Darstellung, sondern in den Details.

Wir sehen hier eine sich entwickelnde Form der Resonanz, die im Fall psychopathologischer Störungen erheblich gelitten haben kann. Es gibt Menschen, die bemerken, dass eine Person im Weggehen vom Rednerpult einen Mantel vergessen hat, aber nicht darauf aufmerksam machen, und zwar nicht, weil sie das nicht könnten, sondern weil sie eine Vorstellung entwickelt haben, dass eine so aufmerksame Freundlichkeit ihnen ja auch nie entgegengebracht würde. So soll es auch kein anderer haben. Sie tauschen gleichsam einfach die Rollen nach dem Talionsprinzip: Wie du mir, so ich dir! Hierbei spielen nicht geringe Affekte der Wut, der Verachtung und Geringschätzung ihre Rolle.

Andere würden den liegen gelassenen Mantel nicht einmal bemerken, weil sie von anderen Zielen in der Fantasie erfüllt sind – beispielsweise wie sie an den Redner herankommen, wie sie ihn auf sich aufmerksam machen, wie sie ihn auf eigene Forschungen hinweisen könnten. Weitere Motivierungen kann man sich leicht ausmalen. Entscheidend ist hier, dass ein äußerlich gleiches Verhalten durch ganz unterschiedliche Motivierungen zustande kommen kann.

Das Pars-pro-Toto-Prinzip des Sprechens ermöglicht sehr vieles, es bietet eine gewisse Lösung des ziemlich schwierigen Umstandes, dass Reden so unendlich viel langsamer ist als Denken. Während wir sprechen, tanzen unsere Gedanken wie Irrlichter auf den Wellen der Konversation auf und ab, tauchen ein und an anderer Stelle wieder auf, verschwinden völlig und werden plötzlich wieder übermäßig präsent, springen nach rechts und links, und wenn wir ihnen während des Gesprächs jedes Mal aufmerksam folgen wollten, wäre das Gespräch bald an die Wand gefahren. Gedanken sind einfach schneller und zugleich instabiler.

Das ist bei der Kommunikation genau umgekehrt. Sie ist extrem langsam und zugleich in weit höherem Ausmaß stabil. Beide müssen dennoch synchron gehalten werden, weil sonst alles aus dem Ruder liefe. Das Pars-pro-Toto-Prinzip ist, wie wir jetzt sehen, eines der Mittel, die sich im Laufe der Entwicklung herausgebildet haben, um Denken und Gespräch einigermaßen im Takt zu halten. Das war übrigens bereits Siegfried Bernfeld (1934) in einem Aufsatz über die Beziehungen zwischen Psychoanalyse und Gestalttheorie aufgefallen; wir haben es hier, etwas von der modernen Systemtheorie inspiriert, formuliert.

Es gibt weitere empirische Belege für das, was wir als soziale Resonanz bezeichnen.

Relationale Psychophysiologie

Der Begründer des Behaviorismus, John Watson, warnte einst:

> »Mutterliebe ist eine gefährliche Sache«. – »Man soll sie nie umarmen und auch nicht küssen und sie auch nie auf seinem Schoß sitzen lassen. Wenn es sich nicht umgehen lässt, dann küsst man sie einfach einmal auf die Stirn beim Gute-Nacht-Sagen« (zit. nach Lewis et al. 2001, S. 71).

Solche verheerenden Instruktionen an die Mütter dieser Welt – auch die deutsche Geschichte ist voll davon – haben völlig verkennen lassen, dass es ein System der »relationalen Psychophysiologie« (Ham/Tronick 2009, S. 619) gibt, das zwischen Müttern und Säuglingen ebenso eine Rolle spielt wie zwischen Erwachsenen, etwa Therapeuten und ihren Patienten. Es waren ja nicht nur die bahnbrechenden Untersuchungen von René Spitz, die uns lehrten, dass kleine Kinder ohne resonante, personale Umwelt tödlich bedroht sind. Der Stauferkönig Friedrich II. wollte einmal wissen, welches die Ursprache der Menschen sei, und ordnete an, Kinder ohne persönliche Ansprache aufzuziehen. Der Chronist berichtet, dass das Experiment bedauerlicherweise nicht habe zu Ende geführt werden können, weil die Kinder allesamt verstorben seien. René Spitz hat uns verstehen gelehrt, dass kleine Kinder ohne eine mitmenschliche, persönliche Bezugsperson und ohne Ansprache, der sie entnehmen können, »gemeint« zu sein (und nicht nur versorgt zu werden), das Syndrom eines

Marasmus entwickeln. Das ist ein vollkommener Rückzug von der Welt in einen Zustand schwerer Traurigkeit und Selbstverwahrlosung. Wie die Kinder in rumänischen Kinderheimen nach dem Sturz Ceauşescus – die Bilder gingen durch die Medien –, verlieren sie schon erworbene Fähigkeiten wie Stuhl- und Harnkontrolle, lutschen wieder am Daumen, verweigern das Essen und – man wird es wohl so ausdrücken müssen – sie lassen sich sterben. Soziale Exklusion hat schwere biologische Wirkungen.

Seit den Untersuchungen von Myron Hofer (1987) wissen wir auch, dass nur die Besonderheiten mütterlicher Körperwärme eine unproblematische Aufzucht bei Tieren ermöglichen, sie kann nicht ersetzt werden ohne schwerwiegende Folgen. Sowohl das endokrine als auch das Immunsystem des Säuglings wird von mütterlichem Kontakt gesteuert, die zirkadianen Rhythmen von Wachen und Schlafen, der beschriebene Wechsel von »dreamy state« und »alert state« wird synchron mit dem mütterlichen Melatonin-Stoffwechsel gesteuert.

Das heißt aber nicht, die Mütter seien wieder mal die Ursache von allem und dann auch wieder an allem schuld. Nein, denn diese Art von limbischer Synchronisation gibt es auch zwischen Erwachsenen und ist natürlich nicht ans weibliche Geschlecht gebunden.

Greg Bryant und Marty Haselton (2009) nahmen über einen längeren Zeitraum die Stimmen von 69 Frauen mit normalen Ovulationszyklen auf. Dabei wurden verschiedene Stimmmerkmale bewertet, etwa der »pitch«, also die Tonhöhe, Tonlage, Lautstärke, die Atmosphäre der Stimme, das Verhältnis zwischen Stimme und dem »weißen Rauschen«. Auf diesem Wege ließ sich feststellen, dass die Werte in Zeiten erhöhter Fruchtbarkeit anstiegen (die Stimmen also in diesen Zeiten als besonders angenehm empfunden wurden) und wieder abnahmen, wenn der hormonelle Zyklus die Zone der erhöhten Fruchtbarkeit verließ. Die Differenz zwischen diesen stimmlichen Werten war am größten, wenn die weiblichen Stimmen an den Tagen mit höchster Fruchtbarkeit aufgenommen worden waren, also zwei Tage vor der Ovulation. Zum ersten

Mal wurde ein spezifischer zyklischer Fertilitätswert in der menschlichen Stimme nachgewiesen!

Nun kann man sagen, dass sich solche Werte einer Stimme mit aufwendigen Apparaturen nachweisen lassen, etwa mit dem Sonogramm, das die Verlaufskurven von menschlichen Stimmen sehr detailliert grafisch darstellen kann. Andere menschliche Hörer könnten das gewiss nicht unterscheiden. Doch das Gegenteil ist der Fall.

In einer vorangehenden Studie hatten dieselben Autoren (Bryant/Haselton 2009) von 38 Frauen Stimmproben über einen längeren Zeitraum konserviert, von ihnen nahmen 21 die Pille ein und die übrigen 17 hatten einen normalen Zyklus. Je 30 männliche und je 30 weibliche Hörerinnen und Hörer sollten nun die Attraktivität der Stimmaufzeichnungen bewerten. Es zeigte sich, dass die Hörer auf allen Bewertungsskalen der gehörten Stimme dann einen besonderen Wohlklang zusprachen, ja die Stimmen sogar als »verführerisch« empfanden, wenn die Aufnahmen aus den Tagen der größten Fruchtbarkeit der Sprecherinnen stammten. Unterschiede zwischen männlichen und weiblichen Hörern gab es dabei nicht.

Der Psychoanalytiker Reinhard Plassmann (2010, S. 44) zitiert die letztere Studie in einer Arbeit über die Frage, ob man therapeutische Heilungsprozesse »hören« könne, und kommentiert die Befunde so:

> »Das bedeutet, der Patient und die Patientin auf der Couch weiß, wann die Psychoanalytikerin fruchtbare Tage hat oder ob sie die Pille nimmt. Der Analytiker, ebenso wie die Analytikerin, weiß das Gleiche von der Patientin. Irgendwie ist den Inhalten der Stimme ein Muster eingewoben, das man hören kann, vollkommen unabhängig vom Inhalt der Worte.«

Frauen, die lange und intensive Freundschaftsbeziehungen pflegen, sollen sogar in synchrone Menstruationszyklen kommen (Lewis et al. 2001, S. 84) – und die genannten Studien könnten uns verstehen lassen, wie da die Mitteilungswege ablaufen. Man macht für das alles die limbische Regulation verantwortlich und es scheint, als ließe sich noch einiges mehr dazu beitragen. Auch Plassmann spricht von einem »Wissen«, das sich auf das beziehen könnte, was im einleitenden Fallbeispiel angesprochen wurde.

Vokale Ausbrüche sind von Emiliana R. Simon-Thomas et al. (2009) untersucht worden. Solche Ausbrüche lassen klare Identifizierungen von bestimmten Emotionen wie Ärger, Angst und Traurigkeit zu, aber auch selten untersuchte Emotionen wie Ehrfurcht, Leidenschaft oder Verlegenheit. Es scheint so etwas wie »Familienähnlichkeiten« bei bestimmten Gruppen von Affekten zu geben. Familien von »negativen« und »positiven« Emotionen lassen sich ebenso unterscheiden wie die von selbstbezogenen oder pro-sozialen Emotionen – dies alles in der Stimme! Irrtümer *zwischen* den verschiedenen Emotionsfamilien sind vergleichsweise selten, häufiger sind sie *innerhalb* einer Emotionsfamilie. Man kann sich also leichter darin irren, ob jemand verwirrt oder verlegen ist (innerhalb der selbstbezogenen Emotionen), als dass man sich zwischen Verwirrtheit und Wut irrt (zwischen den verschiedenen Emotionsfamilien). Diese Studie ist aufschlussreich, weil sie zeigt, dass Emotionen nicht nur sehr differenziert aus der Stimme entnommen werden, sondern auch hier eine Kategorisierung in verschiedene Emotionsfamilien stattfindet. Die Kategorisierung mindert die Wahrscheinlichkeit grober Irrtümer in der Kommunikation.

Entscheidend ist schon in der kindlichen Entwicklung das implizite Wissen, dass Fehler in der Resonanz zwischen Mutter und Kind in eine positiv-lustvolle Interaktion umgewandelt werden können, wenn diese Fehler »repariert« werden. Die dabei entstehenden und interaktiv ko-reguliert ausgetauschten Emotionen sind für die Entstehung des Denkens von größter Bedeutung. Stanley Greenspan und Stuart Shanker (2007) stimmen mit den kognitiv-linguistischen Entdeckungen vollkommen überein, wenn sie feststellen, dass ein Kind Kausalität lernt, indem seine Lächelinitiative auf dem Gesicht der Bezugsperson ebenfalls ein Lächeln auslöst. Sie lernen das, lange bevor sie begreifen, dass das Ziehen an einer Schnur ein Glöckchen erklingen lässt. Die »prima causa«, so könnte man philosophisch ausdrücken, ist das Subjekt, das sich eine Welt schafft, in der es nur denkt: »Es werde Licht«, und schon strahlt das Gesicht der Mutter hell. Vielleicht redet die Genesis ja von nichts anderem als von diesen frühen Erfahrungen, die Giannis Kugumutziakis et al. (2005, S. 167) bereits für 15 Tage alte Säuglinge beobachten.

Kinder lernen auch eine erste präverbale Vorstellung von Zahlenkonzepten daran, welches Gefühl es macht, »zu viel« oder »zu wenig« von etwas zu haben. Das kognitive Begreifen ist an solche *affektiven* Resonanzen gekoppelt. Emotionen spielen bei der Ausbildung von Kognition und Intelligenz eine vermittelnde Rolle. Sie sind nicht wichtiger als das Denken, sie befördern das Denken, das ohne sie verzerrt wird. Auf den Emotionen, auf der Kausalität eines ein Lächeln auf dem Gesicht der Mutter hervorzaubernden Selbst etwa baut sich das Konzept einer Intentionalität auf, die Wahrnehmung von anderen als absichtsvoll Handelnden und der wachsende Anspruch, selbst als mit Absichten handelnde »prima causa« auf dieser Welt wahrgenommen zu werden (Tomasello 2002).

Jacob Ham und Ed Tronick (2009, S. 621) untersuchen, ob und inwieweit Befunde der Säuglingsforschung für die Psychotherapeutik Gewinn tragen könnten, und sie vermuten, dass Menschen nach »limbic resonance« geradezu hungern. Das ist dem Konzept der Mimesis verwandt.

Sie vermuten, dass Menschen in der therapeutischen Behandlung nach einer Erweiterung der Kohärenz und Komplexität ihrer Selbstorganisationszustände suchen; als kohärent werden jene seelischen Zustände bezeichnet, in denen sich alle Funktionen miteinander in Resonanz befinden »wie ein Orchester, das auf den Schlag genau so spielt, als ob individuelle musikalische Strömungen in einer Sonate zusammenfließen, gleichsam weiter und schöner ist als die Summe dessen, was Einzelne beitragen« (Ham/Tronick 2009, S. 621, eigene Übersetzung). Das kann man sich auch an der Musik verdeutlichen.

Diese musikalische Formulierung illustriert, worum es geht, nämlich vor allem um zwei Aspekte: die emotionale Domäne und die Interaktion mit anderen von Moment zu Moment. Das unterstreicht die mikroanalytische Perspektive. In der Musik ebenso wie bei den Säuglingen muss alles zeitlich ziemlich genau stimmen, sonst »klappert der Rhythmus«. Überhaupt – der Rhythmus!

Und dies gilt auch für die Therapie. Kommt es zu emotionaler Resonanz zwischen einem Therapeuten und seinem Patienten, dann regulieren sich auch psychophysiologische Momente auf neue Weise. Untersucht sind neuronale Aktivität, Elektromyografie, Hautwiderstand, das kardiovaskuläre System, reproduktive Hormone. Auch das sind rhythmisch gesteuerte Momente.

Experimentell lässt sich nun Folgendes nachweisen: Bekannt ist das von Ed Tronick entwickelte Paradigma der »still-face«-Experimente, wobei man Mütter von Säuglingen instruiert, über die Krippe gebeugt zunächst wie immer mit ihren Kindern zu lächeln und zu spielen, dann aber für zwei Minuten sich regungslos zu zeigen.

Das Experiment hat genau genommen drei Phasen: Zunächst spielt die Mutter mit dem Kind, dann folgt als eigentliche Experimentalphase die zweiminütige Erstarrung und Bewegungslosigkeit des mütterlichen Gesichts und schließlich die Phase der Renormalisierung, in der die Mutter ihr normales Interaktionsverhalten wieder aufnimmt.

Schon Säuglinge unternehmen im Alter von drei Monaten in der Experimentalphase allerlei, um die vertrauten Reaktionen wieder auf das Gesicht der Mutter zu zaubern. Aber niemand hatte bislang untersucht, was eigentlich mit den Müttern dabei geschieht. Misst man die respiratorische Sinus-Arrhythmie. Also die Atemfrequenz und den Herzrhythmus sowie den Hautwiderstand der Mütter, dann bestätigt sich, was man längst vermuten konnte: In den Phasen des vergnügten Spiels sind beide Werte mit denen der Kinder kaum synchronisiert. Das Kind ist freudig erregt, die Mutter gelassen und ruhig. Diese Synchronisation nimmt schlagartig zu, wenn sich die Mütter instruktionsgemäß unnormal verhalten und das Baby zu protestieren beginnt! In einer Episode *nach* der experimentellen Instruktion zeigt sich an den gemessenen Werten, wie viel Anstrengung Mütter aufwenden müssen, um die eigene Erregung, die äußerlich so still gehalten werden musste, herunterzuregulieren, damit sie dann ihr Baby beruhigen können, dessen eigene Werte sich regulieren in Abhängigkeit von der mütterlichen Vorleistung, also *nach* der mütterlichen Regulierungsleistung.

Aber das ist nicht einseitig, sondern auch dabei gibt es einen sich »abschaukelnden« Prozess; wenn die Mutter nämlich bemerkt, dass sich das Baby beruhigt, sinken die physiologischen Werte ihrer Erregung schneller ab als zuvor. Das alles kann man mit Videoauswertung und moderner Labortechnik gut untersuchen (Ham/Tronick 2009).

So ganz entfernt von dem, was Jacobo Grinberg-Zylberbaum und seine Mitarbeiter in ihren Experimenten mit dem Faraday'schen Käfig fanden, sind diese Befunde nicht! Der Unterschied ist natürlich, dass sich Mutter und Kind sehen, in einem Austausch miteinander stehen, bei dem sie sich wechselseitig beobachten und dabei offenbar sehr viel feiner registrieren, was am anderen vor sich geht, als man bislang angenommen hatte und als den Beteiligten selbst überhaupt bewusst wird. Die Beschleunigung oder Verlangsamung des Atmens, das Hervortreten kleiner Schweißperlen auf der Gesichtshaut, die Feuchtigkeit der Hände, das Zittern der Augenmuskulatur, die Veränderung der Stimme – das alles wird ziemlich präzise wahrgenommen, aber in einem unbewussten Modus. Es könnte keinem Interviewer berichtet, es könnte einfach nicht erzählt werden, obwohl es stattfindet, obwohl es wahrgenommen wird und obwohl es Stimmungslage, Beziehungsgefühl und Körperwahrnehmung bestimmt – in wechselseitiger Resonanz.

Die enorme Bedeutung der Stimme ist von einem Beobachter menschlicher Konversationen, Charles Goodwin (2000), an einem extremen Beispiel dokumentiert worden. Es ging um einen Aphasiker, der nur noch drei Worte zur Verfügung hatte, nämlich die drei Partikeln: »und«, »ja« und »nein«. Goodwin beschreibt, dass dies Äußerungsmöglichkeiten sind, die immer nur als »zweiter Zug« gemacht werden können.

Wenn man den Patienten also fragt, ob er Brötchen möchte, kann er sagen: »Ja« oder »Nein«. Dann kann er noch anfügen »und« – und muss wieder warten, bis der andere gefunden hat, was er möchte: das Brötchen mit Marmelade und nicht mit Honig bestrichen. Aber darüber hinaus kann das jeweilige »Ja« enorm moduliert werden, sodass daraus deutlich differenzierte konversationelle Objekte werden. Goodwin zeigt am Sonogramm, wie sich ein wohlig gedehntes, stimmlich erhöhtes »Jaaaa« von einem resignierten »Ja« unterscheidet.

Selbst unter derartig eingeschränkten Bedingungen ist komplexe Konversation möglich, wenn sich die Gesprächspartner nur genügend von dem Aphasiker »schulen« lassen, sich auf ihn einzustellen bereit sind und seine Gesprächsbedingungen akzeptieren können und nicht von vornherein meinen, solche Menschen seien so behindert, dass »nichts« mehr gehe.

Die Verbindung von vertikaler und horizontaler Dimension

Offensichtlich kommt es für gelingende therapeutische Prozesse weit mehr auf *unbewusste* Resonanzen an, als bisherige Theorien haben vermuten lassen. Entscheidend ist nicht nur, ob eine Deutung dem Inhalt nach richtig oder falsch ist, sondern ebenso wichtig ist deren Formulierung, die stimmliche Gestaltung und die Details des Augenblicks. Eine inhaltlich richtige Deutung löst Widerwillen aus, wenn sie mit dem Tonfall belehrender Überheblichkeit oder aber auch mit übergroßer Unterwürfigkeit gesprochen ist oder ungeschickt formuliert wird. Eine falsche Deutung, die mit genügender Überzeugtheit oder suggestiver Kraft oder einfach nur das Charisma ausnutzend gegeben wird, kann mit einer Äußerung der Zustimmung belohnt werden – und erweist sich vielleicht erst viel später als schädlich, vielleicht aber auch nie so, dass der Therapeut das zu hören bekommt. Fest steht jedenfalls, dass Therapeutinnen und Therapeuten für diese horizontale Perspektive offener werden sollten.

Für so manches therapeutische Detail also wird man mit einer Perspektive des horizontalen Unbewussten sehr viel mehr Aufmerksamkeit aufbringen können. Das zielt auch auf die Frage der Platzierung. Ralf Zwiebel (2004) hat einmal dazu Stellung genommen, dass in der Psychotherapie auch eine Rolle spiele, *wann* etwas gesagt wird, nicht nur wie (Tonfall) und was (Inhalt). Jeder, der einmal Verhandlungen geführt hat, weiß um dies äußerst wichtige Moment, jeder psychoanalytische Kliniker auch – aber in der Theorie der Behandlungstechnik, soweit sie ausformuliert wird, ist dieser Gesichtspunkt sträflich vernachlässigt. In Supervisionen und Fallbesprechungen hört man oft Kommentare von der Art, einem Patienten etwas Bestimmtes zu sagen, sei »noch viel zu früh«. Meist stimmt das – aber eben nicht immer. Man möchte gerne auch wissen, woher die Sicherheit einer solchen Kommentierung stammt. Die Beachtung der horizontalen Dimension könnte immensen klinischen Gewinn bringen.

Emotionale Positionen

Ein weiteres Moment kommt hinzu: die Frage der emotionalen Position, von der aus ein Therapeut spricht.

Die klassische psychoanalytische Behandlungstechnik basierte auf dem, was Richard Sterba (1932) die »therapeutische Ich-Spaltung« genannt hatte. Damit aus einem »Patienten« ein »Mitarbeiter in der Analyse« werden kann, müsse er sein erlebendes Ich der Analyse unterziehen lernen und dazu ein beobachtendes Ich ausbilden. Diese Fähigkeit, die traditionell als Selbstbeobachtung oder Introspektion bezeichnet wurde, galt in den klinischen Diskussionen der letzten Jahre als im Schwinden begriffen. Man bemerkte, dass die meisten Patientinnen und Patienten erst darin unterwiesen werden müssen, ihrem eigenen Sprechen, ihren Bewegungen und Gesten, ihren kleinen Alltagsbizarrerien Aufmerksamkeit zuzuwenden. Dass solche Unterweisungen nicht als schulische Belehrung daherkommen dürfe, verstand sich von selbst. Im Gegenteil, es wurde immer interessanter zu begreifen, warum Selbstbeobachtung schwierig für so viele ist; sei es, dass ihr Narzissmus sie davon abhält, sei es, dass sie Schuldgefühle nicht ertragen könnten oder die aufmerksame Zuwendung zu entsetzlichen Erinnerungen und Erfahrungen führt.

Ein Weg ist gewiss gefunden, mit Patienten über ihre Emotionen zu sprechen. Sich den eigenen Emotionen zuzuwenden richtet den Blick introspektiv aus, und was davon mitgeteilt werden kann, läuft gegen Widerstände an – manches ist schamhaft, peinlich, schmerzlich oder gilt als »nicht zur Sache gehörig«. Hier öffnet sich ein behandlungstechnischer Weg zur Errichtung der therapeutischen Ich-Spaltung. Die Theorien dazu gehören einer vertikalen Dimension des Unbewussten an. Die Art und Weise, wie die Anleitung zur Selbstbeobachtung instruiert wird, wie mit den Emotionen umgegangen wird, wie Widerstände besprochen und bearbeitet werden, all das gehört hingegen in die horizontale Dimension des Gesprächs.

Eine wichtige neue Perspektive war die Entwicklung des Konzepts der »Mentalisierung« durch die Arbeitsgruppe um Peter Fonagy in London. Einer seiner frühen Titel hieß *Thinking about Thinking* (1991) und macht damit die Nähe zur Selbstbeobachtung deutlich. Später wurde dann von »metakognitiver Kontrolle« (1998) gesprochen, die in der Behandlung von Borderline-Patienten ausgebildet wird, um mentale Repräsentanzen von Erfahrungen mit wichtigen Bezugsfiguren auszubilden. Auch mit der Vorsilbe »meta-« hält sich die Idee eines übergeordneten Gesichtspunktes der Anschauung. Dieser übergeordnete Gesichtspunkt war es, der dann mit den Erfahrungen der Bindungstheorie verbunden werden konnte. Horst Kächele (2010) hat kürzlich in einer Übersichtsarbeit von empirischen Studien zu Bindung und Psychopathologie darauf hingewiesen, dass es nicht reicht, die Bindungsmuster eines Patienten zu kennen und gleichsam »darin« zu arbeiten:

> »Die therapeutische Beziehung wird vom Bindungsstatus massiv beeinflusst mit der negativen Implikation, dass – wie meines Erachtens zu erwarten – ein unsicherer Bindungsstatus genau jene Beziehungsprobleme in die therapeutische Arbeit hineinträgt, die behoben werden sollen. Es muss also eine therapeutische Ebene erreicht werden, die eben nicht nur vom Bindungsstatus bestimmt wird […]« (Kächele 2010, S. 266).

Dieser Autor weist dann darauf hin, wie die mentalisierungsbasierte Therapie einen Weg gewiesen hat:

> »[...] eine Therapie muss so konzipiert werden, dass sie den unsicheren Bindungsstatus *als Gegenstand* von therapeutischen Maßnahmen auffasst – und diesen nicht als Basisvariable des therapeutischen Handelns konzipiert« (ebd., unsere Kursivsetzung).

Auch hier hält sich die Idee eines übergeordneten Standpunktes, von dem aus Bindungsmuster zum Gegenstand gemeinsamer Arbeit und Betrachtung werden können. Dazu müssen sie *beobachtet* werden können, sei es durch den Therapeuten, sei es durch den Patienten selbst. Die »andere Ebene«, die laut Kächele erreicht werden muss, ist in der älteren Sprache Sterbas durch das »beobachtende Ich« beschrieben worden; der bildhafte Ausdruck einer »Ebene« meint die hier angesprochene horizontale Dimension.

Damit Bindungserfahrungen oder emotionale Erlebnisse oder verstörende Fantasien und unverstandene Träume auf diese »andere Ebene« ins therapeutische Gespräch gelangen können, müssen sie wahrgenommen werden – in der Aktualität der Selbsterkundung in Gegenwart des Therapeuten. In dieser Gegenwart kann die horizontale Dimension Vorrang vor der vertikalen beanspruchen, denn sie:

- ist sowohl beruhigend wie beunruhigend,
- gewährend wie auch methodisch streng,
- aufklärend wie auch anderes verrätselnd,
- Stabilität anbietend wie Instabilität schaffend,
- findet in großer Nähe wie fühlbarer Distanz statt, weil diese Gegenwart sowohl manchmal ermutigende Führung bei der Erkundung schwieriger Terrains anbietet wie auch manchmal über lange Strecken auf die Initiative und Führung des Patienten geduldig wartet,
- fokussiert manchmal ein Thema scharf und öffnet manchmal afokal den Einfällen großen Raum.

Weil sich das therapeutische Gespräch in solchen »Aporien« (vgl. Schneider 2006) abspielt, kann die horizontale Dimension Vorrang vor der vertikalen Dimension beanspruchen. Vorrang – sowohl theoretisch wie auch praktisch.

Theoretisch Vorrang deshalb, weil alles, was wir in der Psychoanalyse an Wissensbeständen haben, dem therapeutischen Dialog entstammt, zumindest dem Anspruch nach. Manche Dialoge fördern etwas zutage, andere versperren es, wieder andere sind offensichtlich hilfreich, ohne »Material« zutage zu fördern, und abermals andere bringen ein Material, das eher historische Anspielung auf die aktuelle Gegenwart im Behandlungszimmer ist als wirkliche Erinnerung eines Dort und Damals. Das war Freud aufgefallen, als er die Verführungstheorie verwarf: Seine Patientinnen sprachen zu oft davon, verführt worden zu sein, und er merkte, wie er selbst dabei eine Rolle spielte. Das lehrte ihn, die Rolle der aktuellen Beziehung zu beachten.

Die Untersuchung der horizontalen Dimension darf auch praktischen Vorrang beanspruchen, weil nur dann, wenn die genannten Aporien gesichert sind, wenn Affekte als bereichernd und nicht als bedrohlich reguliert werden konnten, wenn ein gemeinsamer fokaler Aufmerksamkeitshorizont eingestellt, ein dyadischer Bewusstseinszustand erlebt werden kann – nur dann können Erinnerungen frei werden, die zu erinnern als Hilfe und nicht als Bedrohung empfunden wird. Nur wenn der Patient sicher ist, sich einigermaßen stabil fühlt, wenn die Balance zwischen »leading and following« gefunden und die Nähe-Distanz-Regulierung optimal (nicht maximal) eingestellt ist, kann der Patient im Rahmen einer solchen »haltenden« Beziehung unbefangen und frei sich seinen Erlebnissen zuwenden.

Werner Bohleber (2004 und 2005) hat Recht, wenn er die Gefahr sieht, dass durch die neue Aufmerksamkeit für die relationale Dynamik die andere, die vertikale Dimension der Psychoanalyse ignoriert werden könnte und damit die Aufarbeitung von Vergangenheit, die Bewältigung historischer und lebensgeschichtlicher Erfahrung in den Hintergrund gedrängt oder gar verdrängt werden könnte. Doch wollen wir hier keine Gegensätze polarisieren, vielmehr geht es uns um das Ineinandergreifen von vertikaler und horizontaler Dimension.

Unsere Überlegungen zeigen, dass es hier eine Art Reihenfolge gibt: Immer erst dann, wenn die aktuelle therapeutische Beziehung »entspannt« ist, hat es Sinn, sich in die vertikale Tiefe zu begeben. Das ist nicht als ein Nacheinander von Stunden zu denken, sondern als eine Reihenfolge in jeder Stunde, die beständige aufmerksame Beachtung fordert.

Das »Nebeneinander im Kino«

Ed Tronick (2007) hat vorgeschlagen, die Befunde der Säuglingsforschung stärker auch für die Therapeutik in Betracht zu ziehen. Dem kann man nur zustimmen. Er formuliert, dass die »Ko-Regulierung von Affekten« den Primat habe und dass sich dann ein »dyadischer Bewusstseinszustand« einstelle, den Patientinnen und Patienten suchen, weil sie die Hilfe des anderen brauchen, um eine erweiterte Komplexität des eigenen Bewusstseins und vor allem des eigenen Denkens zu erreichen. Dieser auf affektiver Ko-Regulierung basierende dyadische Bewusstseinszustand kann in unserem Sinne als Resonanz verstanden werden, die bei Tronick dazu dient, etwas zu erreichen, was therapeutisch von größter Wichtigkeit ist: dass man ein Erlebnis, eine Erfahrung, eine Erinnerung *gemeinsam anschaut*. Anschauen deshalb, weil die Resonanz ermöglicht, dass man sie sich vor-stellt, sie vor sich hinstellt. Hier darf man die imaginative Kraft der Sprache ganz genau nehmen: vor sich stellen – obwohl die Erinnerung natürlich gegenständlich nicht präsent ist, sondern nur als ein Erinnerungsbild.

Manchmal bringen Patienten Fotos mit, meist aber haben sie nur das Bild ihrer Erinnerung und teilen es, wollen es mitteilen, und oft ist es mehr als ein mentales Foto, nämlich ein ganzer Film. Damit dieser gemeinsam betrachtet werden kann, müssen Therapeut und Patient »nebeneinander im Kino« (Buchholz et al. 2008) Platz nehmen können. Deshalb ist die Regulierung und Beachtung der horizontalen Dimension von so elementarer Wichtigkeit: Man muss es im metaphorischen

Kinoraum *nebeneinander* aushalten können, um den Film aushalten zu können, der gezeigt werden soll von einem Patienten, der nicht nur Vorführer, sondern Mitspieler, Regisseur, Hauptdarsteller und Produzent zugleich ist.

Wenn diese emotionale Position des »Nebeneinanders im Kino« nach affektiver Ko-Regulierung und Erreichung eines dyadischen Bewusstseinszustandes eingenommen werden kann, dann stellen sich erstaunlicherweise auch die richtigen Worte ein, vor allem aber der richtige Tonfall, die angemessene Stimme. Diese Erfahrung haben viele Therapeuten der unterschiedlichsten schulischen Richtungen immer wieder beschrieben. Hier könnte vielleicht ein schulenübergreifender Gesichtspunkt des »common ground« liegen.

Aber damit auf der Kinoleinwand im metaphorischen Kinoraum auch etwas angesehen und betrachtet werden kann, ist noch eine Hürde zu nehmen: Der gemeinsamen Anschauung muss die Vor-Stellung und dieser die Dar-Stellung vorangehen.

Erinnerungen tauchen nicht einfach auf, sondern müssen sich selbst gegen Widerstände durchkämpfen, die sich gegen die Details richten. Es genügt nicht, sich zu erinnern, von jemandem geschlagen worden zu sein, weil Erinnerung selbst noch kein therapeutisches Potenzial entfaltet. Hinzu kommen muss, wie Freud und Breuer schon in den *Studien über Hysterie* beschrieben haben, der Affekt – das Erschrecken, die Wut, die Beschämung, die Angst. Und der Affekt hängt an den Details. Erst sie lösen die befreiende *Katharsis* aus (vgl. Gödde 2009).

Details des Erlebens sind von größter Wichtigkeit, sie zurückzuhalten ist, als würde man in Zeitungen immer nur Überschriften lesen, nicht aber die differenzierten inhaltlichen Ausführungen. Ohne Details kann es keine Dar-Stellung mit Worten geben, das Geschehene kann nicht hinreichend imaginativ beim Hörenden vor-gestellt (vor Augen gestellt), das Vorgestellte nicht genau angeschaut werden.

Wolfram Hogrebe (1998) erinnert an einen Erzähler des 19. Jahrhunderts, Otto Ludwig, der eine interessante Theorie entwarf, die manches Heutige schon vorwegnahm. Er unterschied das »berichtende Erzählen« vom »scenischen Erzählen«. Der Bericht, so formuliert er damals schon, gehe vom Mund zum Ohr und verharre dort, das »scenische Erzählen« hingegen gehe durch das Ohr hindurch zum (inneren) Auge, der Hörer sehe das Erzählte vor sich, das Erzählte emanzipiere sich gleichsam vom Erzähler und gewinne eine Art Eigenleben durch die Imagination des Hörers. Die moderne Erzähltheorie nimmt solche Momente differenziert auf und könnte manche klinischen Erfahrungen beinah ebenso, wenn nicht sogar manchmal besser erklären.

Tatsächlich kann man diese Erfahrung machen. Sie geht manchmal so weit, dass in dichten therapeutischen, aber auch alltäglichen Momenten ein Hörer die Details einer geschilderten Szene so dicht vor sich sieht, dass ihm auch andere Details »bekannt« sind, die er noch gar nicht vernommen hat – und Nachprüfungen ergeben, dass das manchmal sogar stimmt. Wir sind wieder beim Thema der Eingangsfallgeschichte und verstehen jetzt, vor dem Hintergrund des Dargelegten, besser, wie man sich ein solches »Sehen« vorstellen kann.

Ohne Details entsteht kein Film. Geschlagen worden sein, ja. Aber wenn die Erinnerung dann hinzutritt, welches Gesicht der Schlagende wenige Augenblicke zuvor machte, wie er die Zähne zusammendrückte und die Kaumuskulatur hervortrat, dann versteht ein sich Erinnernder plötzlich, warum er es nicht mag, wie manche Menschen kauen, und dass es ihn ekelt, mit anderen zusammen zu essen, und er vor solchen geselligen Veranstaltungen Angst vorzuschützen gelernt hat. Das Detail trägt nach dem beschriebenen Pars-pro-Toto-Prinzip die Last der gesamten Bedeutungsgestalt. Eine vertikale Theorie aber, die nun verfahren würde, als wäre mit der Entdeckung von »Ekel« eine tiefere Ebene der Emotionalität schon erreicht, würde sich in anderer Weise unnötig beschränken. Auch Ekel ist Teil einer gesamten Bedeutungsgestalt und erst in der Einordnung in diese findet er seine affektive Bedeutung.

Es ist immer wieder bemerkenswert: Gelingt eine solche Wieder-Eingliederung gerade eines herausgelösten affektiven

Details in das Gesamt einer lebhaften Erinnerung, dann verschwindet der Affekt in diesem Moment. Er löst sich gleichsam in nichts auf. Der Ekel, der als Emotion so unverstanden ins Erleben ragte und Gegenstand vielfältiger Abwehrleistungen war, bekommt plötzlich Sinn von einer ganz anderen Motivierung her. Indem er »erkannt« ist, kann er sich verziehen.

Eine Schwierigkeit: Das Scannen des Gegenübers

Vorstellungen im metaphorischen Kinoraum sind von erheblicher Erfahrungsdichte und gewinnen große Überzeugungskraft – und können doch manchmal irrig sein! Wir wollen das an einem extremen Beispiel verdeutlichen.

Die Journalistin Dorothee Frank (2006) hat Interviews mit Mördern geführt, die sie unter dem aktiv wie passiv zu verstehenden Titel *Menschen töten* publiziert hat. Darin berichtet sie, wie manche Menschen einen Empathieverlust erleiden, den wir als Resonanzunterbrechung bezeichnen könnten. Sie geraten in eine Bewusstseinsverengung. Die Resonanzunterbrechung ermöglicht ihnen, in einen Zustand der Bereitschaft, einen Menschen zu töten, zu fallen. Für diese Resonanzunterbrechung gibt es eine Metapher: *Abschalten*. Sie wird von anderen Straftätern (Buchholz 2008b; Buchholz et al. 2008) immer wieder genannt und damit wird herausgestellt, dass die Resonanzunterbrechung selbst ein bewusster und formulierbarer Vorgang ist. Sie leiden nicht an einem Mangel an Empathie, sondern können Resonanz »abschalten« bzw. ihre entsprechenden Fähigkeiten funktionalisieren.

Alle von Dorothee Frank Interviewten – Henker und Soldaten, Gattenmörder und soldatische Jugoslawien-Kämpfer – beschreiben, wie sie sich meist schon Tage vor der individuellen Tat in einen Zustand der Bewusstseinsverengung brachten, nur noch über die erlittenen Kränkungen nachsinnen konnten und eine Lösung einzig durch Beseitigung des anderen fantasierten – eine Einengung, die wenige Sekunden nach der Tat von ihnen abfiel. In einem Interview spricht ein Täter, der zwei

Polizisten auf dem Parkplatz eines Supermarktes erschossen hat, ganz klar in beinah vertikalen psychoanalytischen Begriffen, obwohl man sicher sein kann, dass er die entsprechende Literatur nicht gelesen hat:

> »Ich habe mich zurückgezogen und mir meine eigene Scheinwelt gebastelt, in die ich mich gewissermaßen ausblenden konnte. Also, dass man sich wirklich einlässt auf eine komplett eigene geschaffene Welt, in der man Situationen, in denen man gescheitert ist, noch einmal aufrollt; dann lässt man sie vor seinem geistigen Auge ablaufen wie einen Film und stellt sich selbst in den Mittelpunkt als Held. Es ist gewissermaßen eine Bewusstseinsspaltung. Auf der einen Seite funktioniert man im Alltagsleben einigermaßen, auf der anderen Seite holt man sich den Kick im eigenen Bewusstsein« (Frank 2006, S. 75).

Der »Film« mobilisiert eine Wirklichkeitsdeutung, die einflussreich und zugleich verborgen ist. Das ist deshalb von großer Bedeutung, weil auch andere Täter in ähnlicher Weise von einem »Film« sprechen, der in ihnen abläuft und der sie auch dagegen abschirmt, etwa im Verhör durch Kripobeamte zur Kenntnis zu nehmen, dass die geschlagene Freundin an den Folgen der Schläge gestorben ist (ebd., S. 129). Die Bedeutung des »Films« ist sehr groß. Im Interview mit einem Killer aus dem Jugoslawienkrieg schreibt die Autorin, sie habe das Gefühl bekommen, selbst »im falschen Film« (ebd., S. 219) zu sein – der junge Mann war derartig freundlich, zugewandt und liebenswürdig, dass sie diesen Eindruck und das dokumentierte Wissen um seine Taten nicht zusammenzubringen vermochte.

Zwei Dinge scheinen an diesen von den Tätern genutzten Umwandlungstechniken bemerkenswert:

- sie verlieren weder ihre sozialen Fähigkeiten
- noch kann man sagen, sie seien ihrer Entscheidungsfähigkeit beraubt.

Ganz im Gegenteil! Von einem der Täter schreibt die Autorin ganz klar:

> »Er durchschaut *auf ihn* bezogene Absichten anderer, als könnte er Gedanken lesen; aber seinen inneren Abbildern der Menschen mangelt es an jener entscheidenden Dimension von Lebendigkeit, die ihnen nur die *Empathie* eines Beobachters verleihen kann« (ebd., S. 128).

Die lebendige Empathiefähigkeit ist zu einem »sozialen Scannen« gesteigert *und* zugleich verkümmert, wie wir dieses Phänomen eines paranoiden Stils (Shapiro 1991) zu nennen vorgeschlagen haben (Buchholz et al. 2008). Viele Straftäter kennen sich sehr rasch im Gefühlsleben von sie vernehmenden Beamten aus; sie wissen, was diese hören wollen, oder auch, was sie brauchen. Sie erschließen aus kleinsten Anzeichen treffsicher deren Privatleben und bringen es nicht selten dazu, einen Kripobeamten in Verlegenheit zu bringen oder das hierarchische Verhältnis intern umzukehren. Sie »scannen« ihre soziale Welt präzise. Vielen ist schon aufgefallen, dass die gesteigerte Wahrnehmung für das Gegenüber ein Merkmal dissozialer Charaktere sein kann; sie scannen rasch und mit erstaunlicher Präzision das, was der andere von ihnen hören möchte, sie geben, was gebraucht wird, und nutzen diese Fähigkeit auch für die Kontaktanbahnung zu potenziellen Opfern.

Aber weder das »Scannen« noch die Tat selbst liegt jenseits ihrer Entscheidung! Sie müssen sich selbst in den bedrängendsten Momenten immer noch entscheiden, die Tat zu tun, und sie sind sich dessen in den Interviews überdeutlich bewusst! Die Autorin gibt unter Hinweis auf den Philosophen Hegel zu bedenken, in der juristischen Anerkennung der Entscheidung das spezifische Humanum der Täter zu würdigen. Sich entschieden zu haben, also nicht »getrieben« zu sein, mache den Täter wieder zu einem menschlichen Subjekt, und diese Qualität erhalte er in der entsprechenden Beurteilung gerade zurück.

Der »Film« ist ein in den Interviews teilweise vollkommen bewusstseinsfähig eingesetztes Mittel, die Entscheidung für die Tat zu bearbeiten; er ist hier *nicht* Folge eines Traumas und könnte sich gerade darin vom »Flashback« bei den Opfern unterscheiden. Die *müssen* den »Film« vor allem nachts immer wieder sehend erleiden und können ihn nicht abschalten; die Täter aber scheinen eine Wahl zu haben.

Die Psychotherapie kann daraus lernen, dass Deutungen eines »Getriebenseins« einen Patienten von einer Verantwortlichkeit allzu leicht entlasten können. Das junge magersüchtige Mädchen befreit sich vom Zwang zu hungern dann vollständig, wenn sie erinnert, wie sie sich einst dazu entschloss: im Kampf gegen zerstrittene Eltern, bei der Durchsetzung eigener Ansprüche, bei der Kopie von Gleichaltrigen, bei der Abwehr der sexuellen Entwicklung.

Adipöse Personen müssen sich entschließen, zu verzichten auf manche Vergnügungen und Ersatzbefriedigungen. »Entschließen« meint hier: ohne Hintertür. Und das gelingt leichter, wenn eine Therapeutin oder ein Therapeut nicht enttäuscht ist und »straft«, falls etwa schiefgeht, sondern die geheimen Winkel aufspürt, die vor der eigenen Entschlossenheit noch verschlossen gehalten blieben. Psychoanalytische Therapie kann nichts anderes, als jene Bedingungen zu schaffen, wie Freud schon meinte, unter denen jemand auf Augenhöhe mit seinen unbewussten Strebungen den Konflikt entscheidet – und sich dann davon löst und frei wird. Diese Freiheit zur Entscheidung ist das Beste, was in einer Therapie erreicht werden kann. Der Weg dorthin ist von therapeutischer Resonanz begleitet.

Therapeutische Dialoge – Schlussbemerkung

Es ist nötig, sich nicht blenden zu lassen von Erfahrungen, die man mit einem Patienten in der emotionalen Position des »Nebeneinanders im Kino« hat. Wir wissen von offenherzigen Schilderungen angesehener Psychotherapieforscher (etwa Williams 2008, S. 140), wie sie sich an rhetorisch brillante Sitzungen erinnern – und beim Ansehen der Videoaufzeichnung vollkommen konsterniert sind, wie ihre Erinnerung sie täuschte:

> »Ich begann meine Forschungsarbeiten in meinem ersten Semester an der Graduiertenschule des Beratungs- und Psychologieprogramms der University of Maryland. Die Geschichte, die ich meinen Studenten gerne erzählte, ist so, dass ich eines Abends, als ich mir das Videoband einer früheren Sitzung noch einmal anschauen wollte, erwartet habe, eine sehr intensive Sitzung mit schneller verbaler Beweglichkeit zu sehen. Ich war vollkommen perplex, als ich im Gegensatz dazu eine wenig spannende, langsame und langweilige Sitzung mit vielen Gesprächspausen anschauen musste. Der Unterschied zwischen meiner Erinnerung und der Videoaufzeichnung hat mich fast umgehauen. So wurde ich dazu gebracht, ein neues Konzept des therapeutischen Selbst-Dialogs zu entwickeln, denn ich entdeckte, dass viel von der ›Gesprächigkeit‹, die ich auf dem Band zu sehen erwartet hatte, nur in meinem eigenen Kopf existierte« (eigene Übersetzung).

Das Erlebnis des »Nebeneinanders im Kino«, die Dichte und Erfahrungsnähe ist befriedigend, aber für das Verständnis dessen, was Psychotherapie ausmacht, reicht die *Erzählung* davon nicht aus. Was wir erinnern und in Falldarstellungen aufschreiben, ist vollkommen kontaminiert von unseren eigenen Beschränktheiten, von unseren Verschönerungs- und Abwehrtendenzen. Und das in einer Weise und in einem Umfang, den wir nicht einmal ermessen können. Wir wissen es einfach nicht, weil wir kaum Vergleiche von genauen Aufzeichnungen und Erinnerungsprotokollen haben. Wir meinen, die Zukunft der psychodynamischen Therapie und auch von deren Erforschungen liegt ganz klar hier: Die therapeutischen Dialoge müssen im Detail studiert werden.

Es ist eine wesentliche Verbesserung erreicht worden, nachdem man in den Fachgesellschaften der Forderung hat Nachdruck verleihen können, nicht mehr nur geschönte Fallgeschichten zu berichten, sondern Stundenprotokolle vorzulegen. Das war ein Fortschritt, weil damit die Atmosphäre einer Stunde etwas besser verstanden werden konnte.

Will man aber detaillierte Fragen der Prozessforschung verstehen oder komplexe Antworten für Theorieprobleme sondieren, dann genügen solche Protokolle in keiner Weise; sie mögen ausreichen für kollegiale Intervisionsgruppen. Obwohl auch hier bereits Erfahrungen vorliegen, welchen enormen Wert es hat, wenn Intervisionen unter Zuhilfenahme von Transkripten durchgeführt werden. In nur zehnminütigen, aber detailgenauen Ausschnitten erkennt man oft wesentliche Konstellationen, die in einer Behandlung schwierig sind. Gebraucht werden mehr als nur Protokolle, genaue Transkripte sind nötig.

Die Untersuchung von Transkripten psychoanalytischer Sitzungen und Supervisionen wird weltweit in Angriff genommen (Peräkylä 2004, 2008; Buchholz 2011), ist aber insgesamt noch viel zu wenig betrieben und zu wenig selbstverständlich. Wenn man bedenkt, welche Gewinne die mikrostrukturelle Untersuchung auf anderen Gebieten, zum Beispiel dem der Säuglingsforschung, erbracht haben – einige Befunde davon haben wir hier vorgestellt –, dann dürfte es nicht schwer sein, sich hier die Zukunft der psychodynamischen Psychotherapie mit großen neuen Erkenntnissen zu erhoffen, die das, was wir täglich tun, dokumentierbar machen. Denn hier können Psychotherapeuten zeigen, was sie wirklich können, wie sie das tun und zu wie viel Resonanz sie dabei mit aller Tiefe fähig sind.

Literatur

Adler, A. (1912): Über den nervösen Charakter. Frankfurt/M. (Fischer).

Adler, A. (1920): Praxis und Theorie der Individualpsychologie. Frankfurt/M. (Fischer) 1974.

Adorno, T.W. (1973): Philosophische Terminologie I. Frankfurt/M. (Suhrkamp).

Altmeyer, M. (2005): Das Unbewusste als das virtuelle Andere. In: Buchholz, M.B. & Gödde, G. (Hg.) (2005a), S. 650–669.

Altmeyer, M. & Thomä, H. (Hg.) (2006): Die vernetzte Seele. Die intersubjektive Wende in der Psychoanalyse. Stuttgart (Klett-Cotta).

Baranger, M. & Baranger, W. (1966): Insight and the analytic situation. In: Litman, R.E. (Hg.): Psychoanalysis in the Americas. New York (International Universities Press), S. 141–160.

Bauer, J. (2005): Warum ich fühle, was Du fühlst. Intuitive Kommunikation und das Geheimnis der Spiegelneurone. Hamburg (Hoffmann und Campe).

Berlin, B. & Kay, P. (1969): Basic Color Terms: Their Universality and Evolution. Berkeley (University of California Press).

Bernfeld, S. (1934): Die Gestalttheorie. Imago 20, 32–77.

Bohleber, W. (2004): Editorial: Intersubjektivität und die Bedeutung des Anderen in der Psychoanalyse. Psyche – Z Psychoanal 58, 777–783.

Bohleber, W. (2005): Vergangenes im Hier-und-Jetzt oder: Wozu noch lebensgeschichtliche Erinnerung im psychoanalytischen Prozess? Psyche – Z Psychoanal 59, Beiheft, 2–11.

Bollas, C. (1995): Cracking Up – The Work of Unconscious Experience. New York (Hill and Wang).

Bollas, C. (2010): On transference interpretation as a resistance to free association. In: Schloesser, A.M. & Gerlach, A. (Hg.): Crossing Borders – Integrating Differences. Psychoanalytic Psychotherapy in Transition. London (Karnac), S. 3–23.

Borbely, A.F. (2008): Metaphor and psychoanalysis. In: Gibbs, R.W. Jr. (Hg.): The Cambridge Handbook of Metaphor and Thought. Cambridge/New York (Cambridge University Press), S. 412–424.

Brentano, F. (1874): Psychologie vom empirischen Standpunkt. Hamburg (Meiner).

Bruder, K.-J. (1991): Zwischen Kant und Freud: Die Institutionalisierung der Psychologie als selbständige Wissenschaft. In: Jüttemann, G.; Sonntag, M. & Wulf, Ch. (Hg.): Die Seele. Ihre Geschichte im Abendland. Weinheim (Psychologie Verlags Union), S. 319–339.

Bryant, G.A. & Haselton, M.G. (2009): Vocal cues of ovulation in human females. Biol. Letters 5(1), 12–15.

Buchholz, M.B. (2003): Psychoanalyse als »weltliche Seelsorge« (Freud). In: Buchholz, M.B. & Gödde, G. (2003), S. 231–253.

Buchholz, M.B. (2008a): Worte hören, Bilder sehen – Seelische Bewegung und ihre Metaphern. Psyche – Z Psychoanal 62, 552–580.

Buchholz, M.B. (2008b): Trauma – Was ich aus meinen Erfahrungen zu lernen versuche. Jahrbuch der Gruppenanalyse 14, 171–190.

Buchholz, M.B. (2010a): Blüten in fremden Gärten – Psychoanalyse und ihre Nachbarn. In: Münch, K.; Munz, D. & Springer, A. (Hg.): Die Psychoanalyse im Pluralismus der Wissenschaften. Gießen (Psychosozial-Verlag), S. 181–211.

Buchholz, M.B. (2010b): Ein psychologischer Beitrag zu einer interaktiven Metapherntheorie In: Junge, M. (Hg.): Metaphern in Wissenskulturen. Wiesbaden (Verlag für Sozialwissenschaften), S. 223–249.

Buchholz, M.B. & Gödde, G. (Hg.) (2003): Themenheft: Lebenskunst. Journal für Psychologie 11.

Buchholz, M.B. & Gödde, G. (Hg.) (2005a): Das Unbewusste, Bd. I: Macht und Dynamik des Unbewussten. Auseinandersetzungen in Philosophie, Medizin und Psychoanalyse. Gießen (Psychosozial-Verlag).

Buchholz, M.B. & Gödde, G. (Hg.) (2005b): Das Unbewusste, Bd. II: Das Unbewusste in aktuellen Diskursen. Anschlüsse. Gießen (Psychosozial-Verlag).

Buchholz, M.B. & Gödde, G. (2005c): Das Unbewusste und seine Metaphern. In: Buchholz, M.B. & Gödde, G. (Hg.) (2005a), S. 671–712.

Buchholz, M.B. & Gödde, G. (Hg.) (2006): Das Unbewusste, Bd. III: Das Unbewusste in der Praxis. Erfahrungen verschiedener Professionen. Gießen (Psychosozial-Verlag).

Buchholz, M.B.; Grabhorn, R.; Hartkamp, N.; Kleist, C. v.; Metzger, H.-G.; Overbeck, A. & Stirn, A. (2000): Illegitime Deals – ein Teamprozeß unter der Lupe. Psychother. Soz. 2(1), 34–61.

Buchholz, M.B. & Kleist, C. v. (1997): Szenarien des Kontakts – Eine metaphernanalytische Untersuchung in der stationären Psychotherapie. Gießen (Psychosozial-Verlag).

Buchholz, M.B.; Lamott, F. & Mörtl, K. (2008): Tat-Sachen. Narrative von Sexualstraftätern. Gießen (Psychosozial-Verlag).

Butcher, C. & Goldin-Meadow, S. (2000): Gesture and the transition from one-to-two-word speech: when hand and mouth come together. In: McNeill, D. (Hg.): Language and Gesture. Cambridge (Cambridge University Press).

Cacioppo, J.T. & Patrick, W. (2008): Loneliness. Human Nature and the Need for Social Connection. New York/London (W.W. Norton & Co.).

Capps, L. & Ochs, E. (1995): Constructing Panic – The Discourse of Agoraphobia. Cambridge/London (Harvard University Press).

Carus, C.G. (1846): Psyche. Zur Entwicklungsgeschichte der Seele, ausgew. u. eingeleit. v. L. Klages. Jena (Diederichs) 1926.

Cavell, M. (1997): Freud und die analytische Philosophie des Geistes. Stuttgart (Klett-Cotta).

Cramer, F. (1996): Symphonie des Lebendigen. Versuch einer allgemeinen Resonanztheorie. Frankfurt/Leipzig (Insel-Verlag).

Descartes, R. (1637): Discours de la méthode. Von der Methode des richtigen Vernunftgebrauches und der wissenschaftlichen Forschung. 2. Aufl., Hamburg (Meiner) 1997.

Dieckmann, H. (1983): Gelebte Märchen. Hildesheim (Gerstenberg).

Downing, G. (2005): Emotion, body, and parent-infant interaction. In: Nadel, J. & Muir, D. (Hg.): Emotional Development. Recent Research Advances. Oxford (Oxford University Press), S. 429–450.

Fechner, G.T. (1853): Zur Kritik der Grundlagen von Herbart's Metaphysik. Z. f. Philosophie und philosophische Kritik 25, 70–102.

Fechner, G.T. (1860): Elemente der Psychophysik. 2. Aufl. Leipzig (Breitkopf u. Härtel) 1889.

Ferro, A. (2003): Das bipersonale Feld. Konstruktivismus und Feldtheorie in der Kinderanalyse. Gießen (Psychosozial-Verlag).

Figl, J. (Hg.) (1996): Von Nietzsche zu Freud. Übereinstimmungen und Differenzen von Denkmotiven. Wien (WUV-Universitätsverlag).

Flasch, K. (2004): Nikolaus von Kues in seiner Zeit: ein Essay. Stuttgart (Reclam).

Flasch, K. (2006): Dietrich von Freiberg: Philosophie, Theologie, Naturforschung um 1300. Frankfurt/M. (Klostermann).

Flasch, K. (2010): Meister Eckhart. Philosoph des Christentums. München (C.H. Beck).

Fonagy, P. (1991): Thinking about thinking: some clinical and theoretical considerations in the treatment of a borderline patient. Int. J. Psychoanal. 72, 639–656.

Fonagy, P. (1998): Die Bedeutung der Entwicklung metakognitiver Kontrolle der mentalen Repräsentanzen für die Betreuung und das Wachstum des Kindes. Psyche – Z Psychoanal 52, 349–368.

Fonagy, P. & Target, M. (2007): Playing with reality: IV. A theory of external reality rooted in intersubjectivity. Int. J. Psychoanal. 88, 917–937.

Frank, D. (2006): Menschen töten. Düsseldorf (Patmos).

Freud, A. (1965): Wege und Irrwege in der Kinderentwicklung. Stuttgart (Klett-Cotta).

Freud, S. (1894): Die Abwehr-Neuropsychosen. GW I, S. 59–74.

Freud, S. (1895): Studien über Hysterie. GW I, S. 75–312.

Freud, S. (1900): Die Traumdeutung. GW II/III.

Freud, S. (1901): Zur Psychopathologie des Alltagslebens. GW IV.

Freud, S. (1905): Der Witz und seine Beziehung zum Unbewussten. GW VI.
Freud, S. (1908): Die »kulturelle« Sexualmoral und die moderne Nervosität. GW VII, S. 143–167.
Freud, S. (1912): Einige Bemerkungen über den Begriff des Unbewußten in der Psychoanalyse. GW VIII, S. 430–439.
Freud, S. (1912a): Ratschläge für den Arzt bei der psychoanalytischen Behandlung. GW VIII, S. 376–387.
Freud, S. (1912b): Einige Bemerkungen über den Begriff des Unbewußten in der Psychoanalyse. GW VIII, S. 430–439.
Freud, S. (1914): Zur Geschichte der psychoanalytischen Bewegung. GW X, S. 43–113.
Freud, S. (1915): Das Unbewußte. GW X, S. 264–303.
Freud, S. (1916–17): Vorlesungen zur Einführung in die Psychoanalyse. GW XI.
Freud, S. (1918): Aus der Geschichte einer infantilen Neurose. GW XII, S. 27–157.
Freud, S. (1923): Das Ich und das Es. GW XIII, S. 237–289.
Freud, S. (1925): »Selbstdarstellung«. GW XIV, S. 31–96.
Freud, S. (1926): Die Frage der Laienanalyse. GW XIV, S. 207–286.
Freud, S. (1933): Neue Folge der Vorlesungen zur Einführung in die Psychoanalyse. GW XV.
Freud, S. (1940a): Abriß der Psychoanalyse. GW XVII, S. 63–136.
Freud, S. (1940b): Die Ichspaltung im Abwehrvorgang. GW XVII, S. 59–62.
Freud, S. (1960): Briefe 1873–1939, hg. v. E. und L. Freud. 3. korr. Aufl. Frankfurt/M. (Fischer).
Freud, S. (1986): Briefe an Wilhelm Fließ 1887–1904, hg. v. J.M. Masson, Bearbeitung der deutschen Fassung von M. Schröter. Frankfurt/M. (Fischer) 1986.
Gallese, V.; Eagle, M. & Migone, P. (2007): Intentional attunement: mirror neurons and the neural underpinnings of interpersonal relations. J. Amer. Psychoanal. Assoc. 55, 131–176.
Gasser, R. (1997): Nietzsche und Freud. Berlin/New York (de Gruyter).
Gentner, D. & Goldin-Meadow, S. (Hg.) (2003): Language in Mind. Advances in the Study of Language and Thought Cambridge. London (MIT-Press).
Gergely, G. & Csibra, G. (2005): The social construction of the cultural mind: Imitative learning as a mechanism of human pedagogy. Interaction Studies 6, 463–481.
Giesers, P. & Pohlmann, W. (2010): Die Entwicklung der Neurosenformel in den vier Psychologien der Psychoanalyse. Psyche – Z Psychoanal 64(7), 643–667.
Girtler, R. (2001): Methoden der Feldforschung. 4., völlig neu bearbeitete Auflage. Wien/Köln/Weimar (Böhlau/UTB).
Gödde, G. (1996): Nietzsche und Freud – Übereinstimmungen und Differenzen zwischen »Entlarvungs-« und »Tiefenpsychologie«. In: Figl, J. (Hg.) (1996), S. 19–43.
Gödde, G. (1998): Freud, Schopenhauer und die Entdeckung der »Verdrängung«. Psyche – Z Psychoanal 52, 143–175.

Gödde, G. (1999): Traditionslinien des »Unbewußten«. Schopenhauer, Nietzsche, Freud. 2. Aufl. Gießen (Psychosozial-Verlag) 2009.

Gödde, G. (2002): Nietzsches Perspektivierung des Unbewußten. Nietzsche-Studien 31, 154–194.

Gödde, G. (2005): Freuds »Entdeckung« des Unbewussten und die Wandlungen in seiner Auffassung. In: Buchholz, M.B. & Gödde, G. (Hg.) (2005a), S. 325–360.

Gödde, G. (2006): Freud und seine Epoche. Philosophischer Kontext. In: Lohmann, H.-M. & Pfeiffer, J. (Hg.) (2006), S. 10–25.

Gödde, G. (2009): Therapeutik und Ästhetik – Verbindungen zwischen Breuers und Freuds kathartischer Therapie und der Katharsis-Konzeption von Jacob Bernays. In: Vöhler, M. & Linck, D. (Hg.) (2009), S. 63–91.

Gödde, G. (2010): Freud and nineteenth-century philosophical sources on the unconscious. In: Nicholls, A. & Liebscher, M. (Hg.) (2010), S. 261–286.

Gödde, G. & Zirfas, J. (2006): Von der Muße zur »gleichschwebenden Aufmerksamkeit«. Therapeutische Erfahrungen zwischen Gelassenheit und Engagement. psycho-logik. Jahrbuch für Psychotherapie, Philosophie und Kultur 2, 135–153.

Goldin-Meadow, S. (2003): Thought before Language: Do We Think Ergative? In: Gentner, D. & Goldin-Meadow, S. (Hg.) (2003), S. 493–522.

Goldmann, St. (2005): Von der »Lebenskraft« zum Unbewussten – Stationen eines Konzeptwandels der Anthropologie. In: Buchholz, M.B. & Gödde, G. (Hg.) (2005a), S. 125–152.

Goodwin, C. (2000): Die Ko-Konstruktion von Bedeutung in Gesprächen mit einem Aphasiker. Psychother. Soz. 2, 224–246.

Görnitz, B. & Görnitz, T. (2002): Der kreative Kosmos. Geist und Materie aus Information. Heidelberg/Berlin (Spektrum Akademischer Verlag).

Görnitz, B. & Görnitz, T. (2005a): Das Bild des Menschen im Lichte der Quantentheorie. In: Buchholz, M.B. & Gödde, G. (Hg.) (2005b), S. 720–745.

Görnitz, B. & Görnitz, T. (2005b): Das Unbewusste aus Sicht einer Quanten-Psycho-Physik – ein theoretischer Entwurf. In: Buchholz, M.B. & Gödde, G. (Hg.) (2005b), S. 757–803.

Görnitz, B. & Görnitz, T. (2008): Die Evolution des Geistigen. Quantenphysik – Bewusstsein – Religion. Göttingen (Vandenhoeck & Ruprecht).

Greenspan, S.I. & Shanker, S.G. (2007): Der erste Gedanke. Frühkindliche Kommunikation und die Evolution menschlichen Denkens. Weinheim (Beltz-Verlag).

Grinberg-Zylberbaum, J.; Delaflor, M.; Attie, L. & Goswami, A. (1994): The Einstein-Podolsky-Rosen Paradox in the brain: the transferred potential. Phys. Essays 7, 422–427.

Grünbaum, A. (1988): Die Grundlagen der Psychoanalyse. Eine philosophische Kritik. Stuttgart (Reclam).

Ham, J. & Tronick, E. (2009): Relational psychophysiology: Lessons from mother-infant physiology research on dyadically expanded states of consciousness. Psychotherapy Research 19, 619–632.

Hartmann, E. v. (1869): Philosophie des Unbewussten. Versuch einer Weltanschauung. Hildesheim/Zürich/New York (Olms) 1989.

Heidelberger, M. (1993): Die innere Seite der Natur. Gustav Theodor Fechners wissenschaftlich-philosophische Weltauffassung. Frankfurt/M. (Klostermann).

Heidelberger, M. (2010): Gustav Theodor Fechner and the unconscious. In: Nicholls, A.J. & Liebscher, M. (Hg.) (2010), S. 200–241.

Herbart, J.F. (1834): Lehrbuch zur Psychologie. Nachdruck nach der 2. Aufl. Amsterdam (Bonset) 1965.

Herder, J.G. (1784–1791): Ideen zur Philosophie der Geschichte der Menschheit. In: Werke, hg. v. H. Düntzer. Berlin (Hempel) o.J., Bde. 9–12.

Hobson, P. (2002): The Cradle of Thought. Exploring the Origins of Thinking. London (Pan Books).

Hofer, M. (1987): Early social relationships: a psychobiologic perspective on bereavement. Psychosomatic Medicine 46, 183–197.

Hogrebe, W. (Hg.) (1998): Subjektivität. München (Fink).

Hogrebe, W. (2009): Riskante Lebensnähe. Die szenische Existenz des Menschen. Berlin (Akademie-Verlag).

Horn, E. & Gisi, L.M. (Hg.) (2009): Schwärme – Kollektive ohne Zentrum. Eine Wissensgeschichte zwischen Leben und Information. Bielefeld (transcript-Verlag).

Iacoboni, M. (2008): Mirroring People. The New Science of How We Connect with Others. New York (Farrar, Straus and Giroux).

Jung, C.G. (1954): Die Archetypen und das kollektive Unbewußte. Ges. W., Bd. 9. Olten (Walter) 1976, S. 11–51.

Kächele, H. (1970): Der Begriff »psychogener Tod« in der medizinischen Literatur. Z. f. psychosomatische Medizin 16, 105–128.

Kächele, H. (2010): Psychopathologie und Bindungsforschung. Psyche – Z Psychoanal 64, 264–276.

Klages, L. (1932): Goethe als Seelenforscher. Leipzig (Barth).

Knellesen, O. (1996): Die Fetischisierung des Objekts. Eine Lesart von Freuds »Rattenmann«. Psychoanalytische Blätter 5, 15–35.

Koerfer, A. & Köhle, K. (2009): Was ist erzählenswert? Das Relevanzproblem in einer narrativen Medizin. Psychoanalyse – Texte zur Sozialforschung 13, 125–138.

Kugumutziakis, G.; Kokkinaki, T.; Makrodimitraki, M. & Vitalaki, E. (2005): Emotions in early mimesis. In: Nadel, J. & Muir, D. (Hg.): Emotional Development. Recent Research Advances. Oxford (Oxford University Press), S. 161–182.

Lakoff, G. (1987): Women, Fire, and Dangerous Things. What Categories Reveal about the Mind. Chicago/London (The University of Chicago Press).

Leibniz, G.W. (1765): Neue Abhandlungen über den menschlichen Verstand. Stuttgart (Reclam) 1993.

Lewis, T.; Amini, F. & Lannon, R. (2001): A General Theory of Love. New York (Vintage Books).

Lindner, G.A. (1873): Lehrbuch der empirischen Psychologie als inductive Wissenschaft. 3. Aufl. Wien (Carl Gerold's Sohn).

Lipps, T. (1883): Grundtatsachen des Seelenlebens. Bonn (Cohen und Sohn).

Lipps, T. (1897): Der Begriff des Unbewußten in der Psychologie. Int. Congr. Psychol. 3, 146–164.

Lohmann, H.-M. & Pfeiffer, J. (Hg.) (2006): Freud-Handbuch. Leben – Werk – Wirkung. Stuttgart (Metzler).

Lorenzer, A. (1970): Sprachzerstörung und Rekonstruktion. Frankfurt/M. (Suhrkamp).

Marquard, O. (1987): Transzendentaler Idealismus, romantische Naturphilosophie, Psychoanalyse. Köln (Dinter).

Matos, M.; Santos, A.; Goncalves, M. & Martins, C. (2009): Innovative moments and change in narrative therapy. Psychotherapy Research 19, 68–80.

McNeill, D. (2000): Catchments and contexts: non-modular factors in speech and gesture production. In: McNeill, D. (Hg.): Language and Gesture. Cambridge (Cambridge University Press), S. 312–328.

McNeill, D. (2007): Gesture and Thought. Chicago/London (University of Chicago Press).

McNeill, D. & Duncan, S.D. (2000): Growth points in thinking-for-speaking. In: McNeill, D. (Hg.): Language and Gesture. Cambridge (Cambridge University Press).

Meltzoff, A.N.; Gopnik, A. & Repacholi, B.M. (1999): Toddlers' Understanding of Intentions, Desires and Emotions: Explorations of the Dark Ages In: Zelazo, P.D.; Astington, J.W. & Olson, D.R. (Hg.): Developing Theories of Intention. Social Understanding and Self-Control. Mahwah, NJ/London (Lawrence Earlbaum), S. 17–42.

Mentzos, S. (2009): Lehrbuch der Psychodynamik. Die Funktion der Dysfunktionalität psychischer Störungen. Göttingen (Vandenhoeck & Ruprecht).

Mertens, W. (1999): Traum und Traumdeutung. München (Beck).

Mertens, W. (2005): Das Unbewusste in der Kognitionspsychologie – wird damit Freuds Unbewusstes hinfällig? In: Buchholz, M.B. & Gödde, G. (Hg.) (2005b), S. 264–309.

Mertens, W. (2010): Psychoanalytische Schulen im Gespräch, Bd. 1: Strukturtheorie, Ichpsychologie und moderne Konflikttheorie. Bern (Huber).

Mertens, W. & Haubl, R. (1996): Der Psychoanalytiker als Archäologe. Stuttgart/Berlin/Köln (Kohlhammer).

Mitchell, S.A. (1987): The Interpersonal and the Intrapsychic: Conflict or Harmony? Contemporary Psychoanalysis 23, 400–410.

Mitchell, S.A. (2003): Bindung und Beziehung. Auf dem Weg zu einer Relationalen Psychoanalyse. Gießen (Psychosozial-Verlag).

Mitchell, S.A. (2004): Sicherheit und Abenteuer. psychosozial 97 (Jg. 27, H. 3), 55–71.

Nicholls, A. (2010). The scientific unconscious: Goethe's post-Kantian epistemology. In: Nicholls, A. & Liebscher, M. (Hg.) (2010), S. 87–120.

Nicholls, A. & Liebscher, M. (Hg.) (2010): Thinking the Unconscious. Nineteenth-Century German Thought. Cambridge (Cambridge University Press).

Nietzsche, F. (1878): Menschliches, Allzumenschliches. Kritische Studienausgabe in 15 Bänden (KSA), Bd. 2, hg. v. G. Colli & M. Montinari. München (dtv) 1980.

Nietzsche, F. (1881): Morgenröthe. KSA 3, S. 9–331.

Nietzsche, F. (1882): Die fröhliche Wissenschaft. KSA 3, S. 343–651.

Nietzsche, F. (1885–1887): Nachgelassene Fragmente. KSA 12.

Nietzsche, F. (1886): Jenseits von Gut und Böse. KSA 5, S. 9–243.

Nietzsche, F. (1888): Nietzsche contra Wagner. KSA 6, S. 413–445.

Obrist, W. (2004): Tiefenpsychologie als Basaldisziplin einer integralen Humanwissenschaft. In: Mertens, W.; Obrist, W. & Scholpp, H. (Hg.): Was Freud und Jung nicht zu hoffen wagten … Tiefenpsychologie als Grundlage der Humanwissenschaften. Gießen (Psychosozial-Verlag), S. 55–120.

Papoušek, H. (1975): Soziale Interaktion als Grundlage der kognitiven Frühentwicklung. Fortschritte der Sozialpädiatrie 2, 14–31.

Papoušek, H. (1996): Die intuitive elterliche Kompetenz in der vorsprachlichen Kommunikation als Ansatz zur Diagnostik von präverbalen Kommunikations- und Beziehungsstörungen. Kindheit und Entwicklung 5, 140–146.

Peräkylä, A. (2004): Making Links in Psychoanalytic Interpretations: A Conversation Analytical Perspective. Psychotherapy Research 14, 289–307.

Peräkylä, A. (2008): Conversation analysis and psychoanalysis: Interpretation, affect, and intersubjectivity. Peräkylä, A.; Antaki, C.; Vehviläinen, S. & Leudar, I. (Hg.): Conversation Analysis and Psychotherapy. Cambridge/New York (Cambridge University Press), S. 100–120.

Pine, F. (1990): Die vier Psychologien und ihre Bedeutung für die Praxis. Forum Psychoanal 6, 232–249.

Plassmann, R. (2010): Kann man Heilungsprozesse hören und fühlen? Psychoanalyse und Körper 16 (Jg. 9, H. 1), 43–61.

Pongratz, L. (1984): Problemgeschichte der Psychologie. 2. überarb. Aufl. München (Francke).

Pongratz, L. (1993): Hauptströmungen der Tiefenpsychologie. Stuttgart (Kröner).

Randall, L. (2006): Verborgene Universen. Eine Reise in den extradimensionalen Raum. Frankfurt/M. (S. Fischer).

Rorty, R. (1991): Kontingenz, Ironie und Solidarität. Frankfurt/M. (Suhrkamp).

Schlimgen, E. (1999): Nietzsches Theorie des Bewußtseins. Berlin/New York (de Gruyter).

Schneider, M. (2006): Ein »unmöglicher Beruf« (Freud) – zur aporetischen Grundlegung der psychoanalytischen Behandlungstechnik und ihrer Entwicklung. Psyche – Z Psychoanal 60, 900–931.

Schöpf, A. (1982): Sigmund Freud. München (Beck).

Schopenhauer, A. (1804–1818): Der handschriftliche Nachlaß, Bd. I: Frühe Manuskripte, hg. v. A. Hübscher. München (dtv) 1985.

Schopenhauer, A. (1818–1830): Der handschriftliche Nachlaß, Bd. III: Berliner Manuskripte, hg. v. A. Hübscher. München (dtv) 1985.

Schopenhauer, A. (1819): Die Welt als Wille und Vorstellung, Zürcher Ausgabe. Werke in zehn Bänden, Bde. I–II. Zürich (Diogenes) 1977.

Schopenhauer, A. (1844): Die Welt als Wille und Vorstellung, Zürcher Ausgabe (Diogenes), Bde. III–IV.

Schott, H. (1979): Traum und Neurose. Erläuterungen zum Freudschen Krankheitsbegriff. Bern/Stuttgart/Wien (Huber).

Shapiro, D. (1991): Neurotische Stile. Göttingen (Vandenhoeck & Ruprecht).

Simon-Thomas, E.R.; Keltner, D.J.; Dacher, J.; Sauter, D.; Sinicropi-Yao, L. & Abramson A. (2009): The voice conveys specific emotions: evidence from vocal burst displays. Emotion 9(6), 838–846.

Spence, D.P. (1982): Narrative truth and historical truth. New York (Norton).

Spence, D.P. (1993): Die Sherlock-Holmes-Tradition: Die narrative Metapher. In: Buchholz, M.B. (Hg.): Metaphernanalyse. Göttingen (Vandenhoeck & Ruprecht), S. 72–120.

Spitz, R.A. (1965): Vom Säugling zum Kleinkind. Naturgeschichte der Mutter-Kind-Beziehung im ersten Lebensjahr. Stuttgart (Klett-Cotta) 1985.

Stein, H. (2005): Quantentheorie und die Zukunft der Psychoanalyse. In: Buchholz, M.B. & Gödde, G. (Hg.) (2005b), S. 746–756.

Sterba, R. (1932): Das Schicksal des Ichs im therapeutischen Verfahren. Psyche – Z Psychoanal 29 (1975), 941–950.

Stern, D.N. (2004): Der Gegenwartsmoment. Veränderungsprozesse in Psychoanalyse und Alltag. Frankfurt/M. (Brandes & Apsel) 2005.

Strenger, C. (1989): The classic and the romantic vision in psychoanalysis. Int. J. Psychoanal 70, 593–610.

Thaheld, F. (2004a): A method to explore the possibility of nonlocal correlations between brain electrical activities of two spatially separated animal subjects. Biosystems 73(3), 205–216.

Thaheld, F. (2004b): Comments on the paper »Correlations between brain electrical activities of two spatially separated human subjects«, by J. Wackermann, C. Seiter, H. Keibel, H. Walach. Neuroscience Letters 336, 60–64 und 360, 178–179.

Tomasello, M. (2002): Die kulturelle Entwicklung des menschlichen Denkens. Zur Evolution der Kognition. Frankfurt/M. (Suhrkamp).

Tronick, E. (2007): The Neurobehavioral and Social-Emotional Development of Infants and Children. New York/London (W.W. Norton).

Tuckett, D. (1993): Some thoughts on the presentation and discussion of the clinical material of psychoanalysis. Int. J. Psychoanal 74, 1175–1189.

Tuckett, D. (2007): Wie können Fälle in der Psychoanalyse verglichen und diskutiert werden? Implikationen für künftige Standards der klinischen Arbeit. Psyche – Z Psychoanal 61, 1042–1071.

Vöhler, M. & Linck, D. (Hg.) (2009): Grenzen der Katharsis in den modernen Künsten. Zur Rezeption des Katharsistheorems seit Jacob Bernays. Berlin/New York (de Gruyter).

Wegener, M. (2005): Unbewusst/das Unbewusste. In: Barck, K.; Fontius, M.; Schlenstedt, D.; Steinwachs, B. & Wolfzettel, F. (Hg.): Äthetische Grundbegriffe. Historisches Wörterbuch in sieben Bänden, Bd. 6. Stuttgart/Weimar (Metzler), S. 202–240.

Wegener, M. (2005b): Das psychophysische Unbewusste – Gustav Theodor Fechner und der Mond. In: Buchholz, M.B. & Gödde, G. (Hg.) (2005a), S. 240–251.

Williams, E.N. (2008): A psychotherapy researcher's perspective on therapist self-awareness and self-ocused attention after a decade of research. Psychotherapy Research 18, 139–147.

Zirfas, J. (1993): Sigmund Freud: Der transzendentale und der reale Hedonismus. In: Zirfas, J.: Präsenz und Ewigkeit. Eine Anthropologie des Glücks. Berlin (Reimer), S. 123–236.

Zentner, M. (1995): Die Flucht in Vergessen. Die Anfänge der Psychoanalyse Freuds bei Schopenhauer. Darmstadt (Wiss. Buchges.).

Zwiebel, R. (2004): Der Analytiker als Anderer: Überlegungen zum Einfluss der Person des Analytikers in der analytischen Praxis. Psyche – Z Psychoanal 58, 836–869.